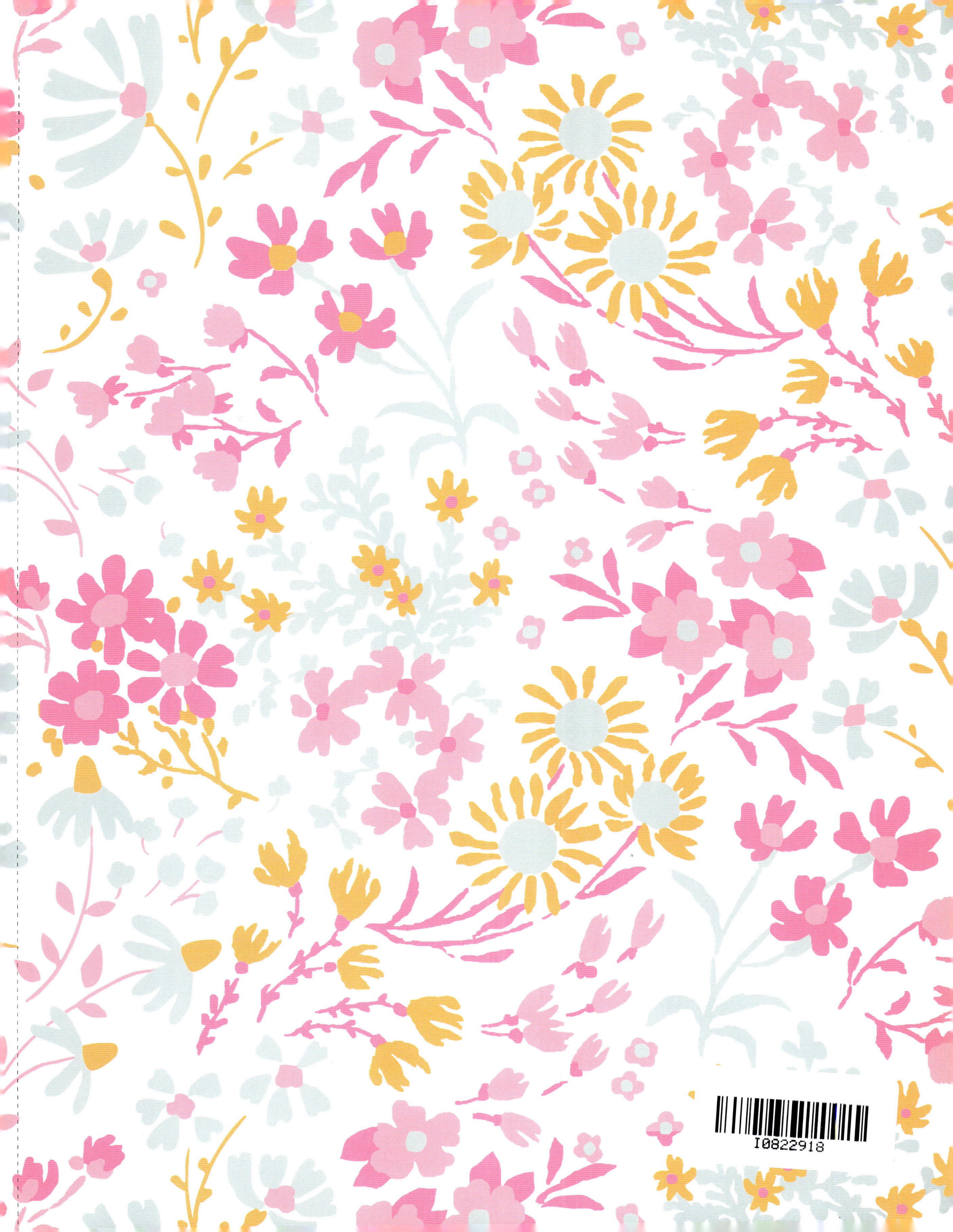

I0822918

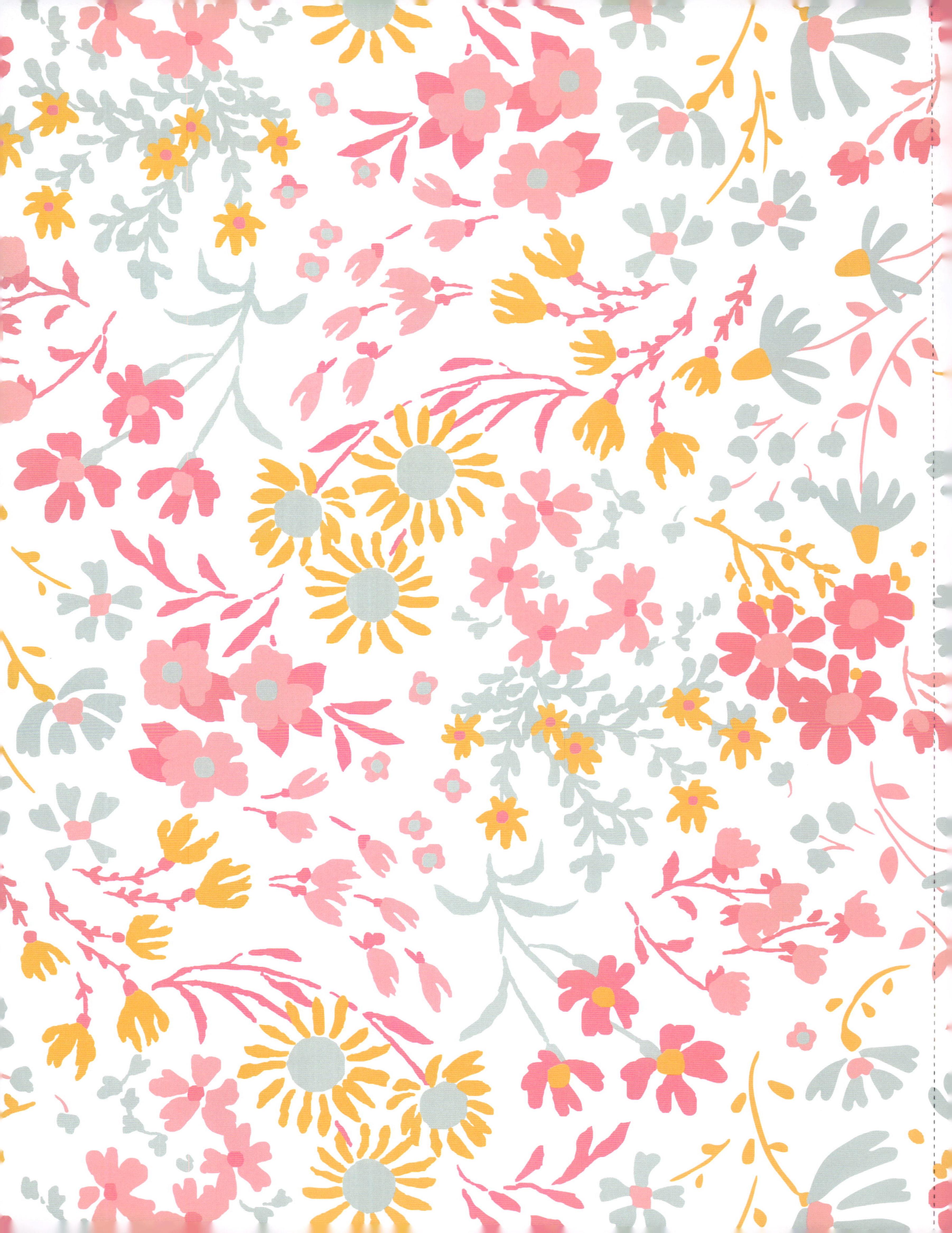

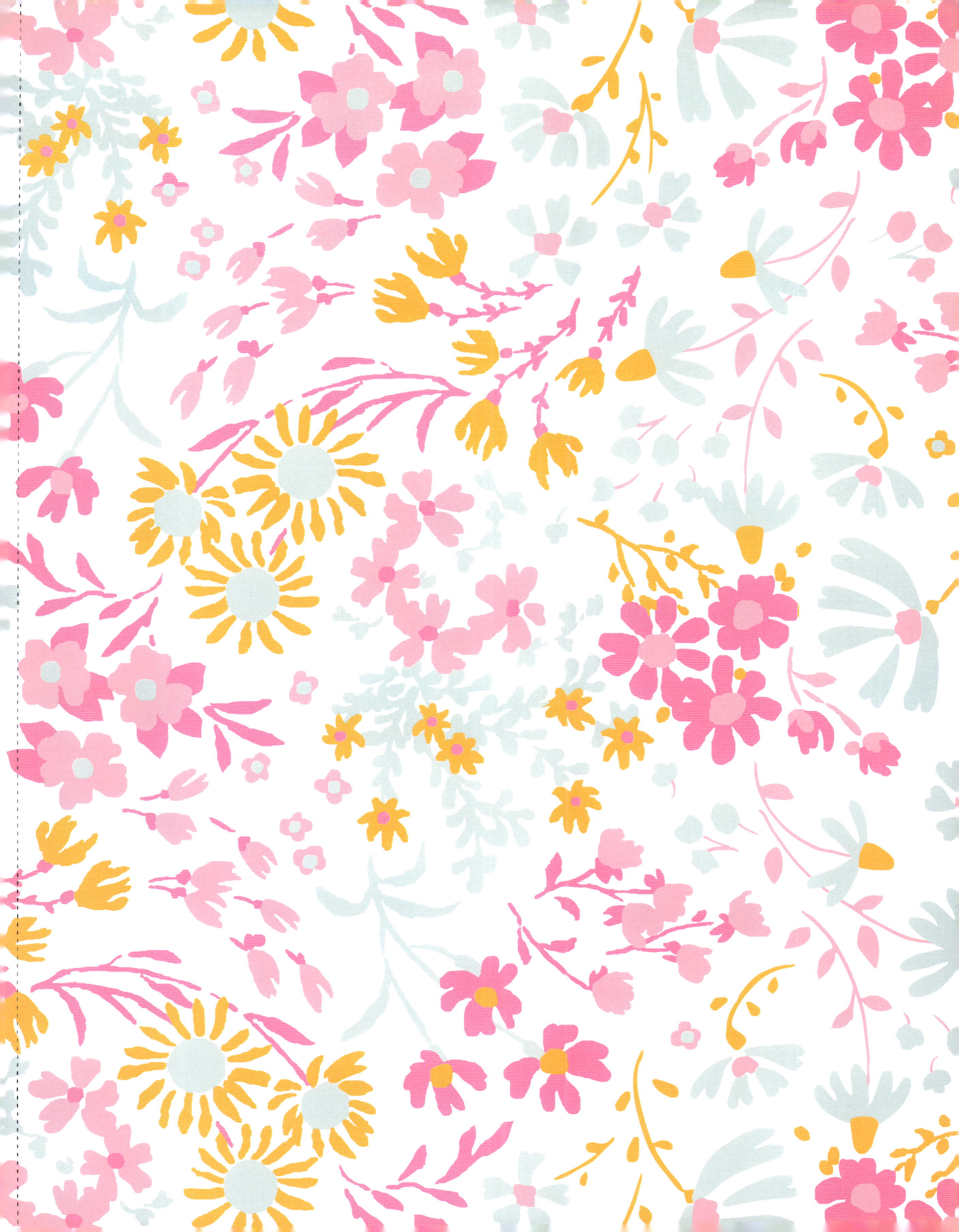

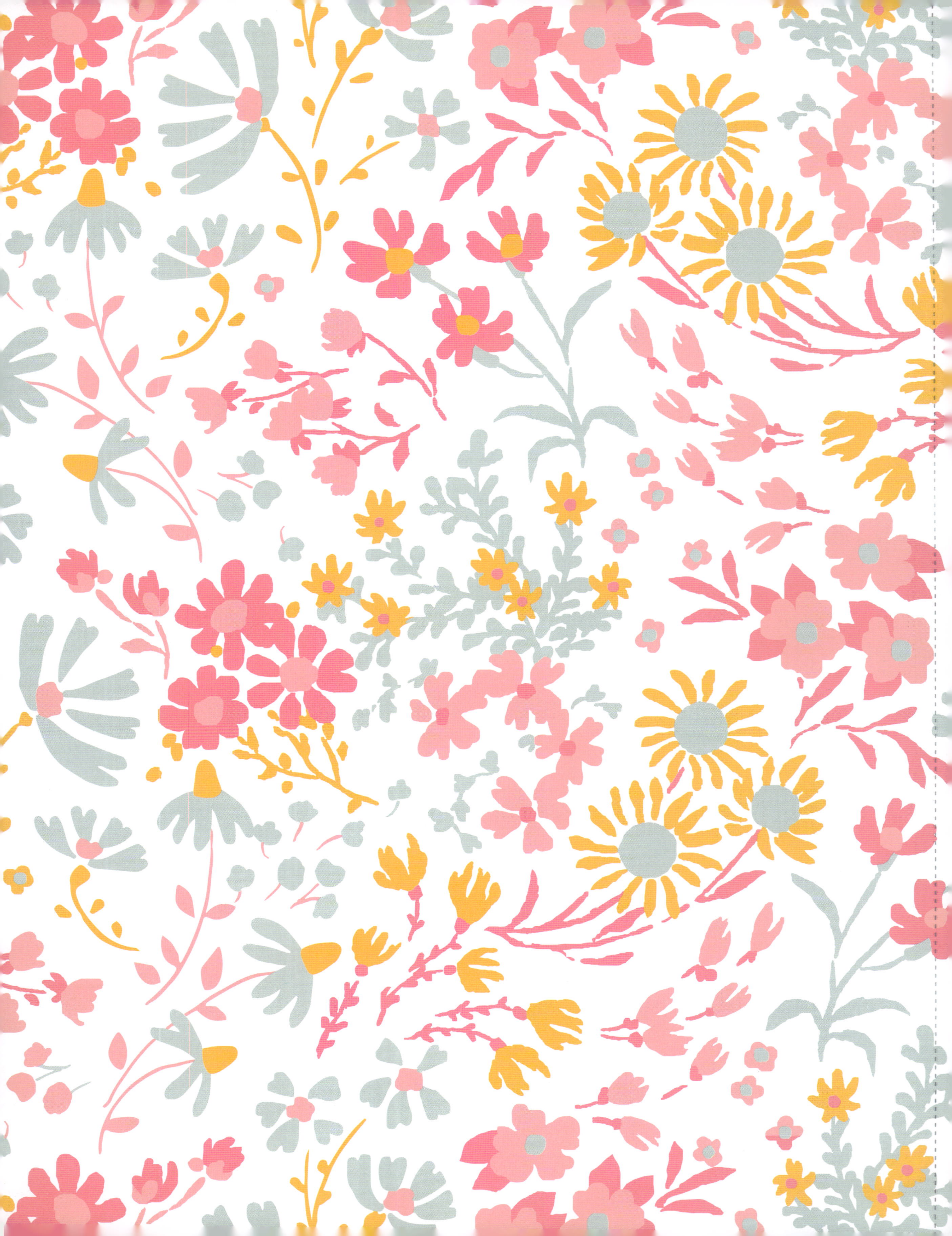

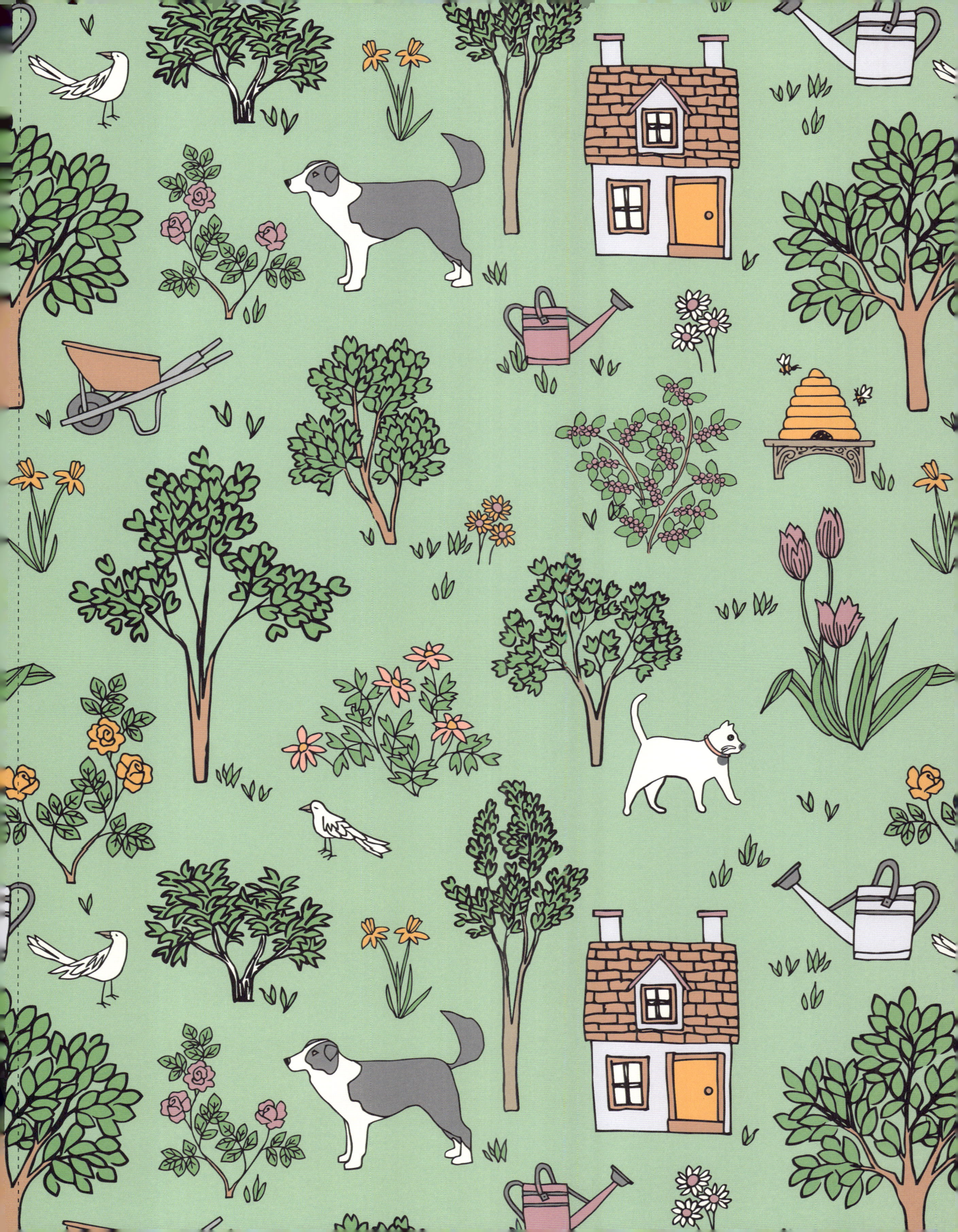

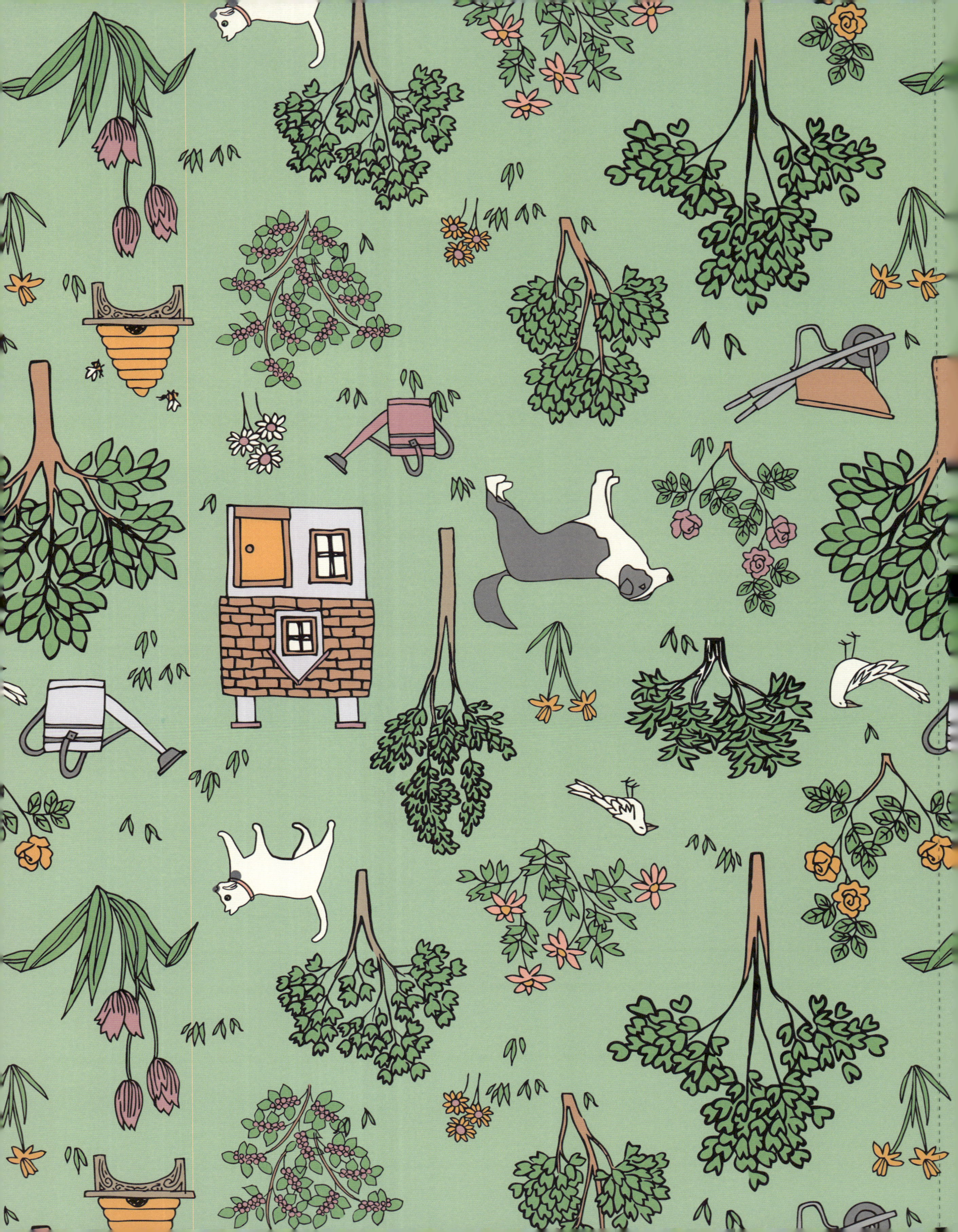

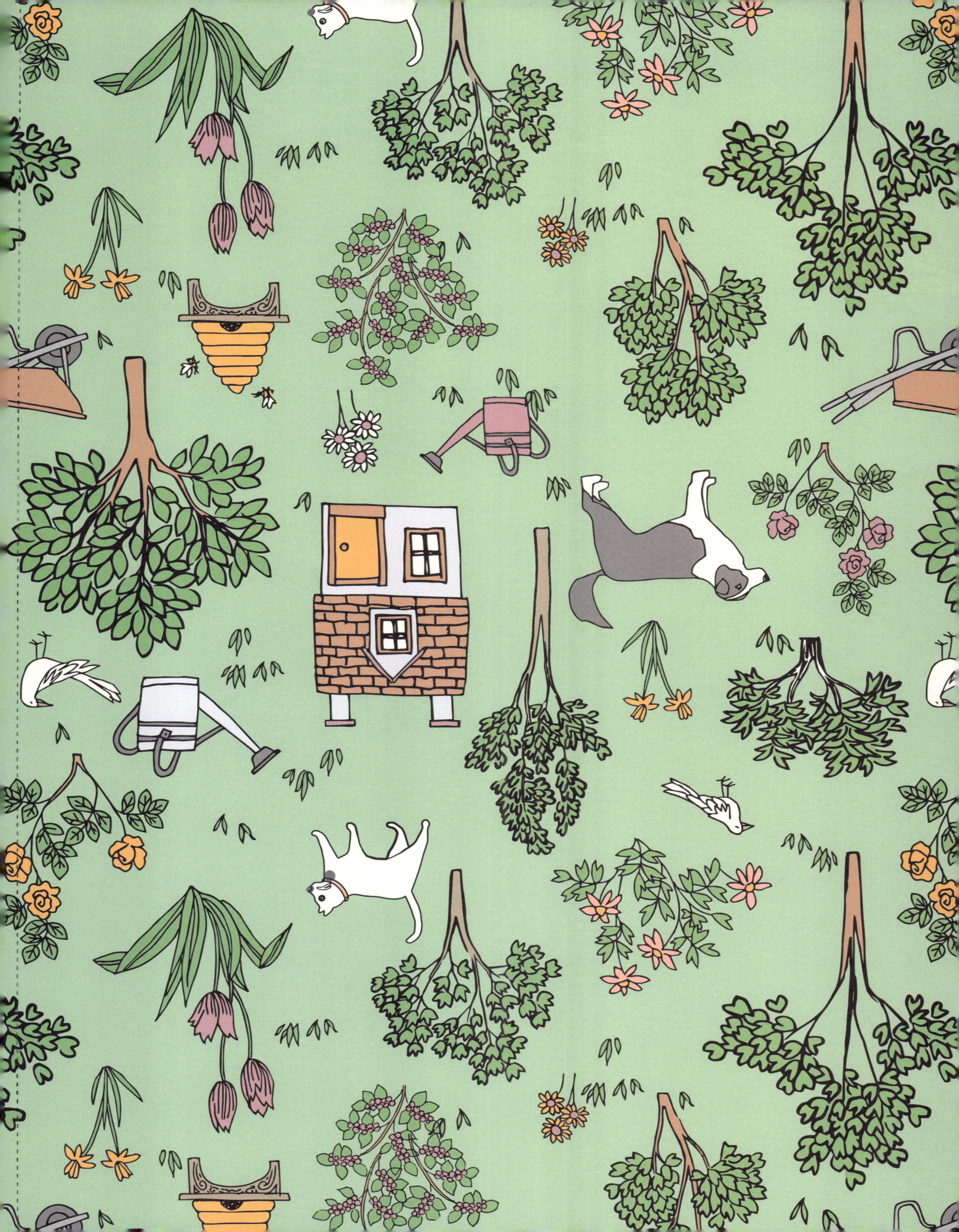

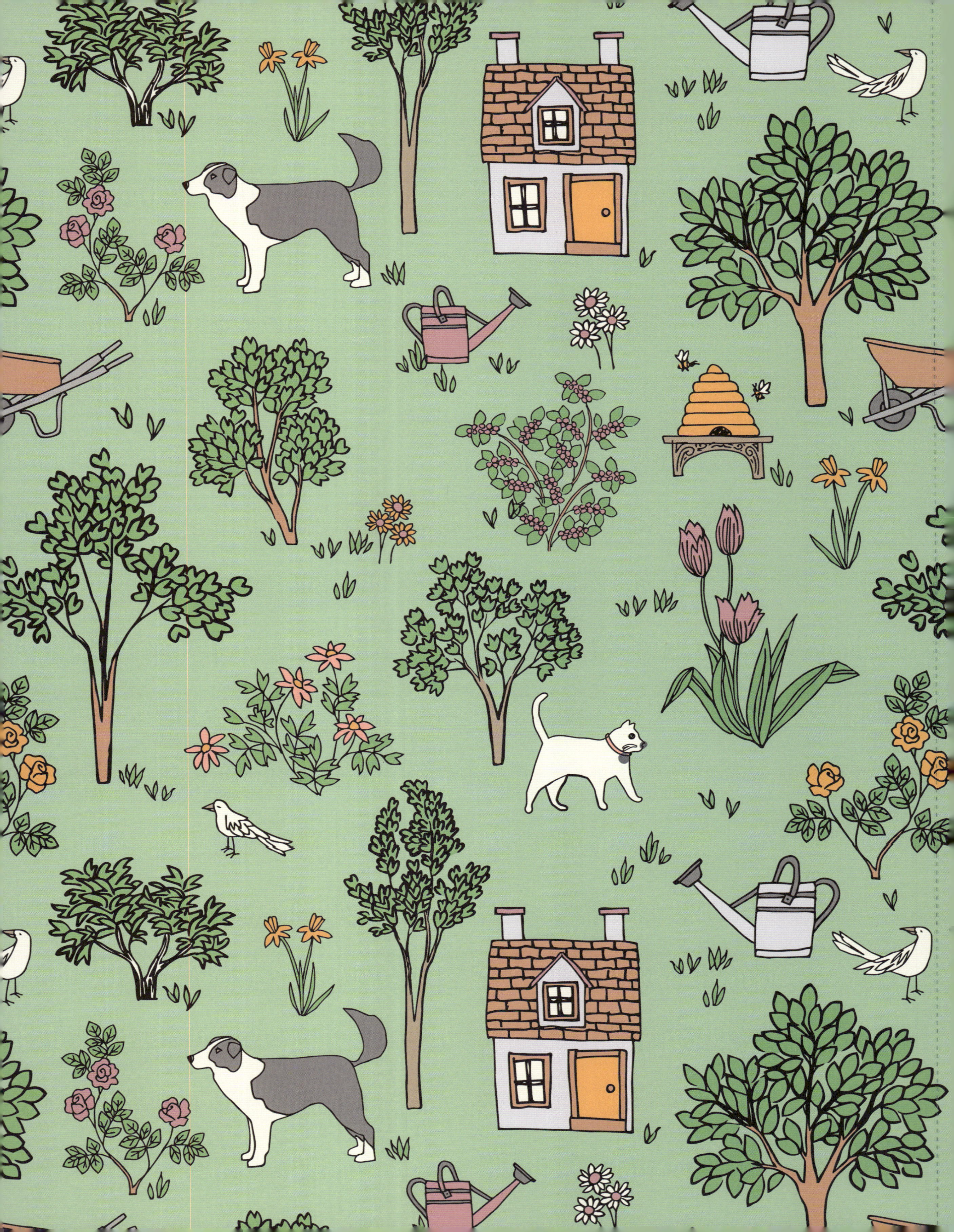

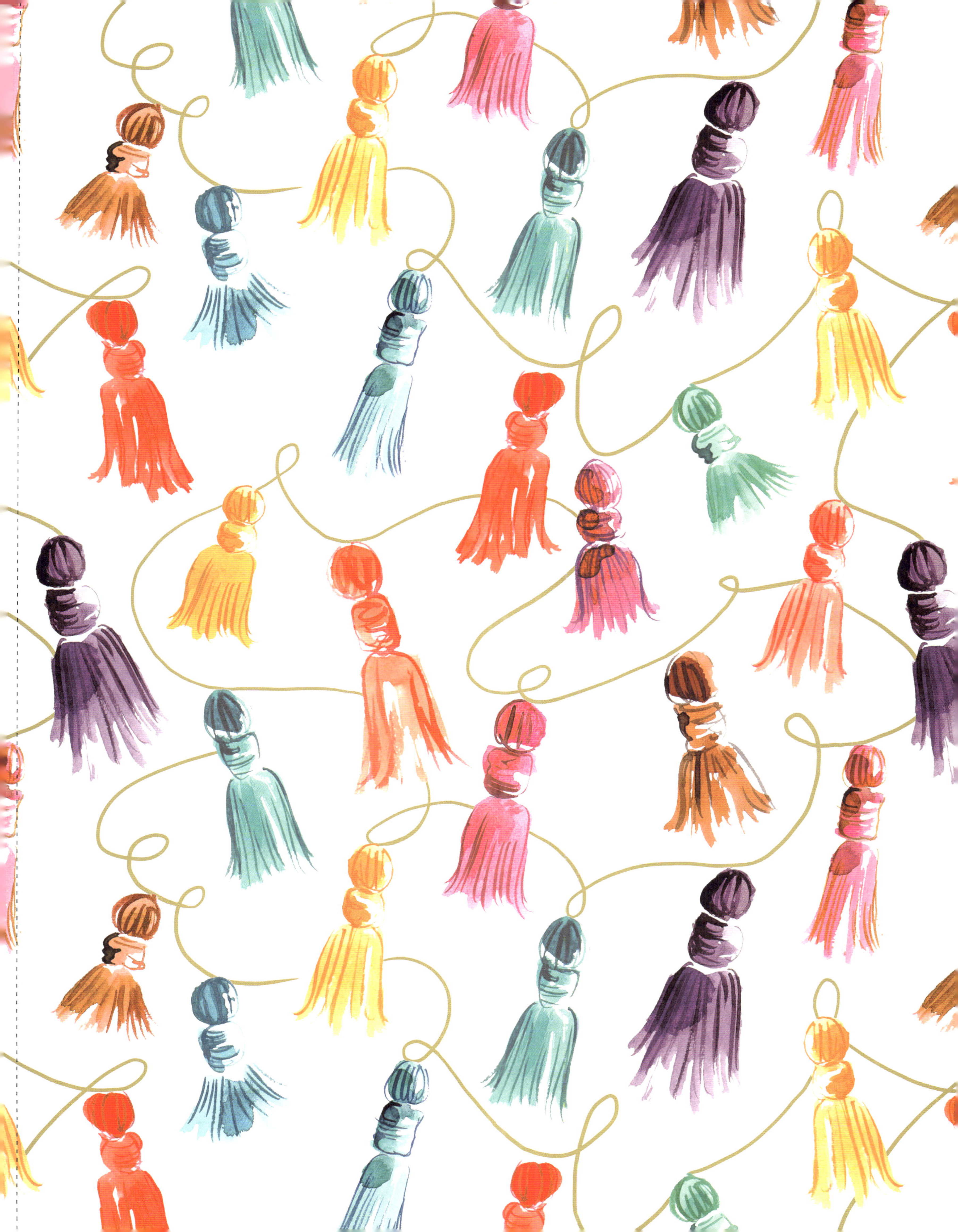

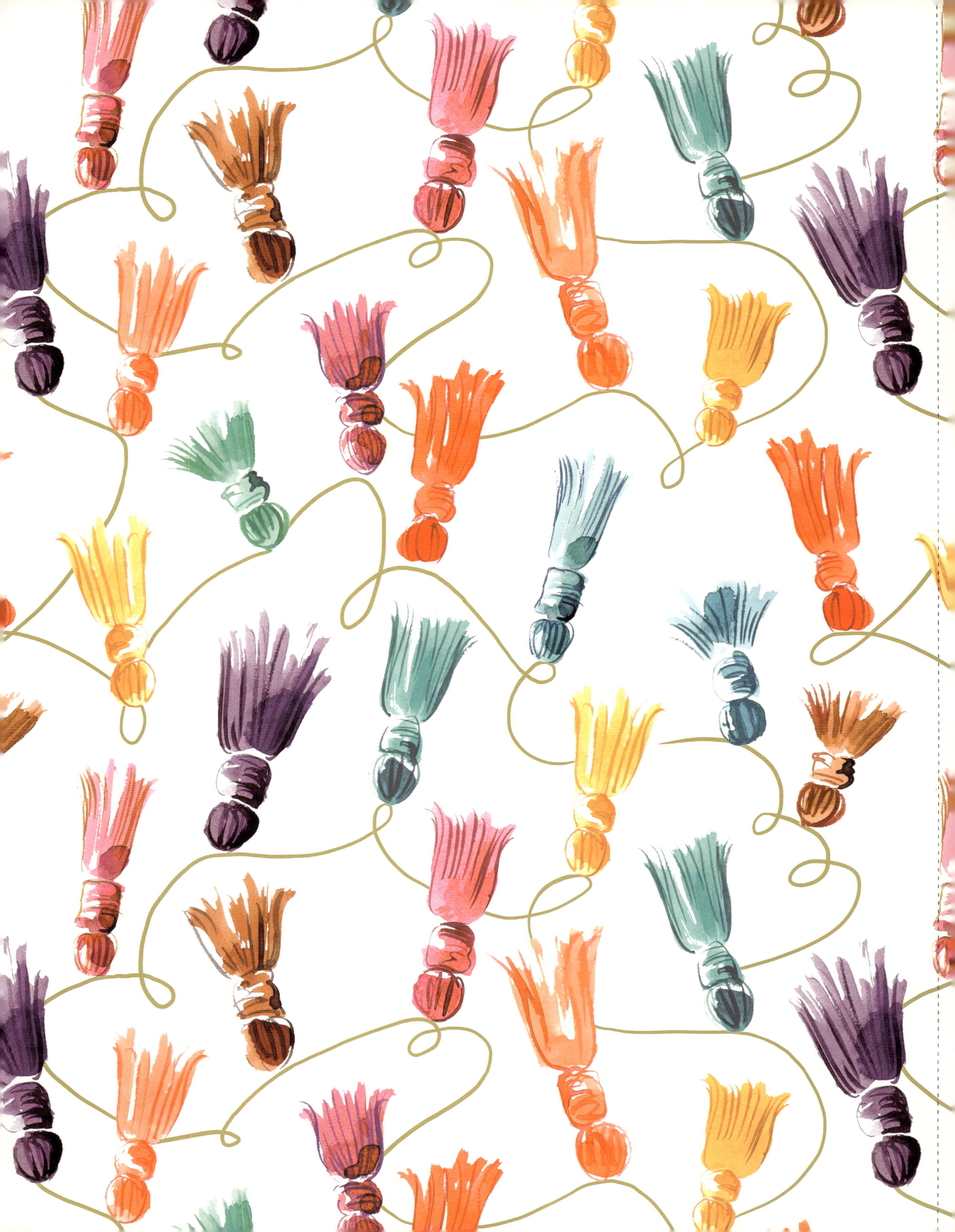

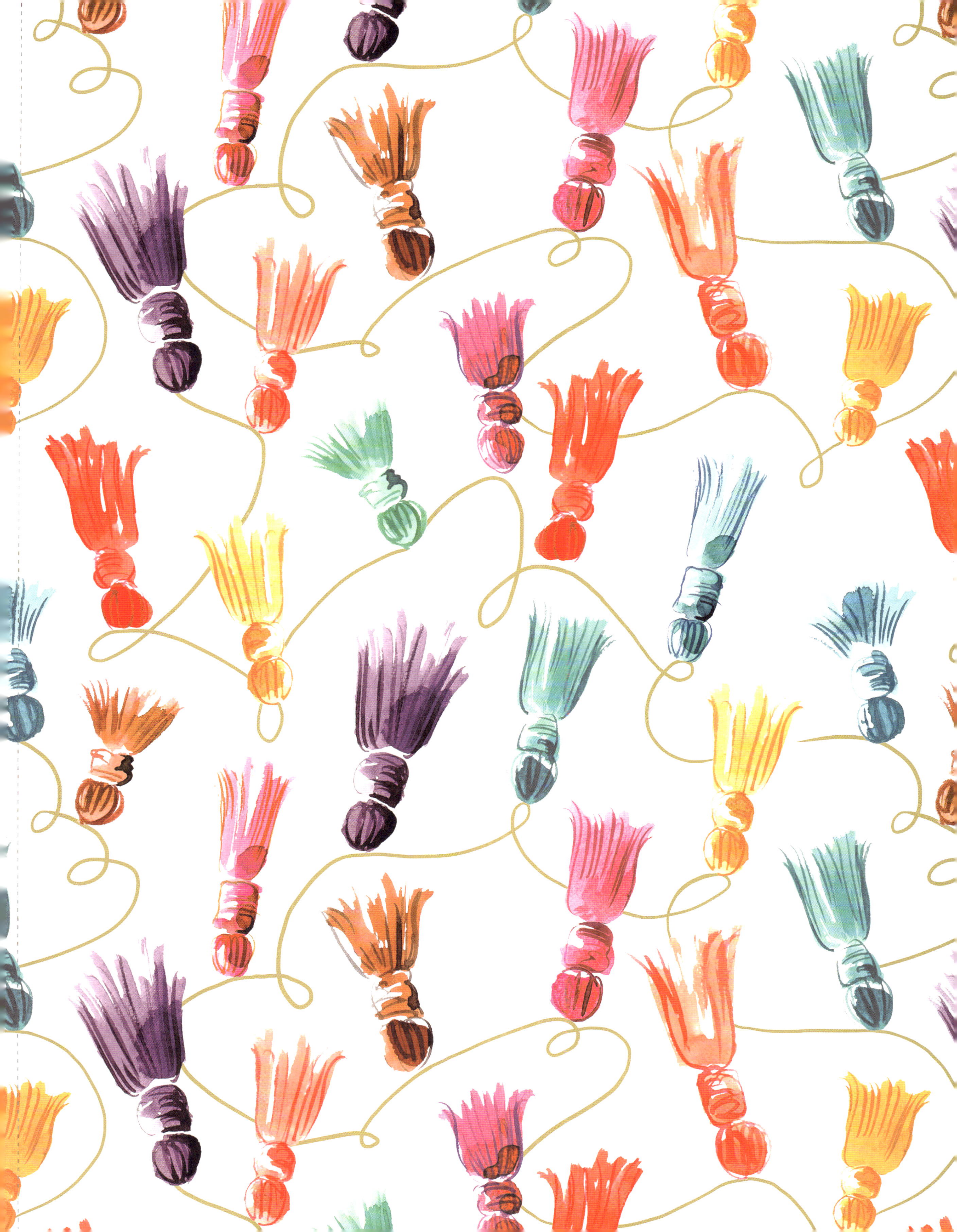

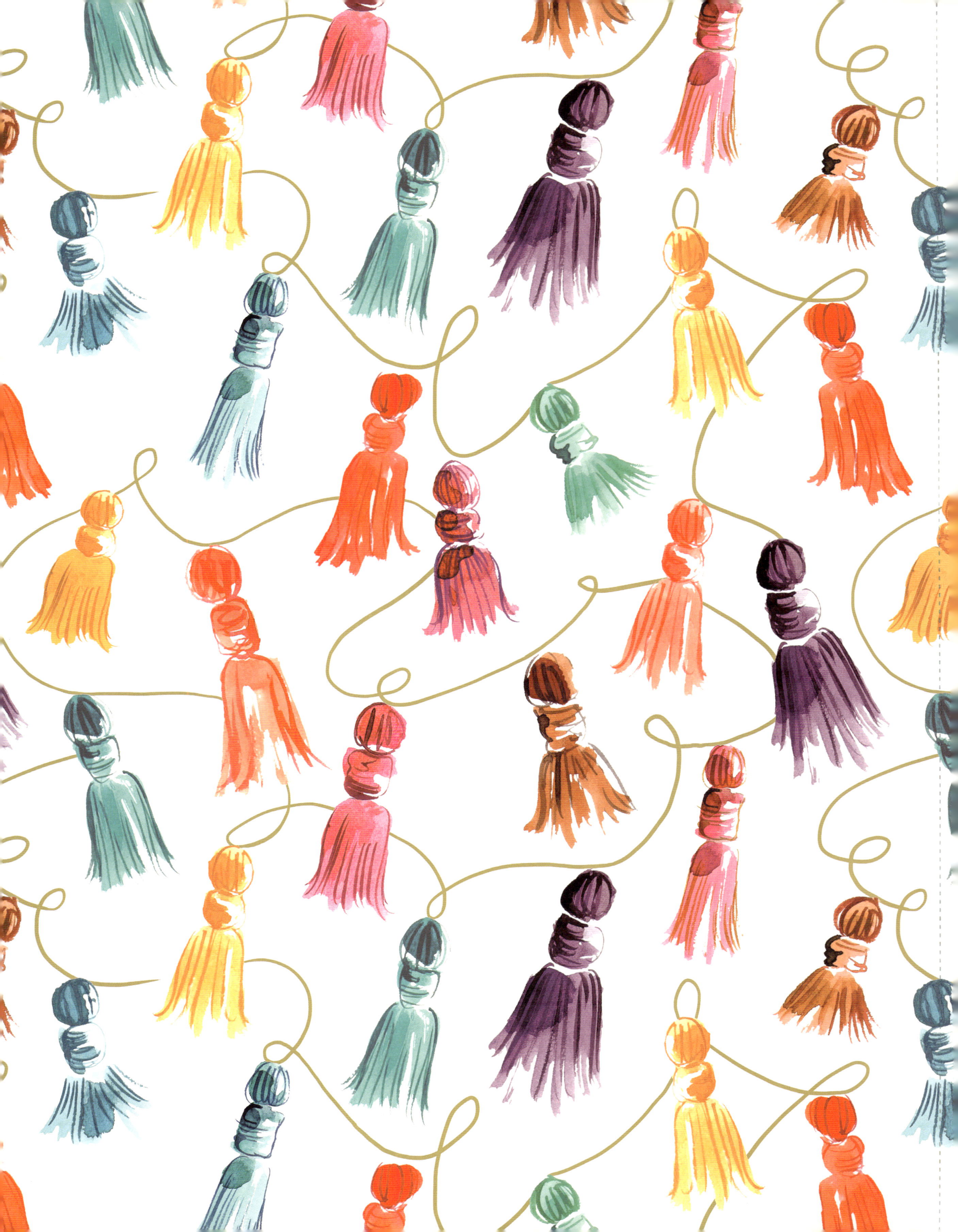

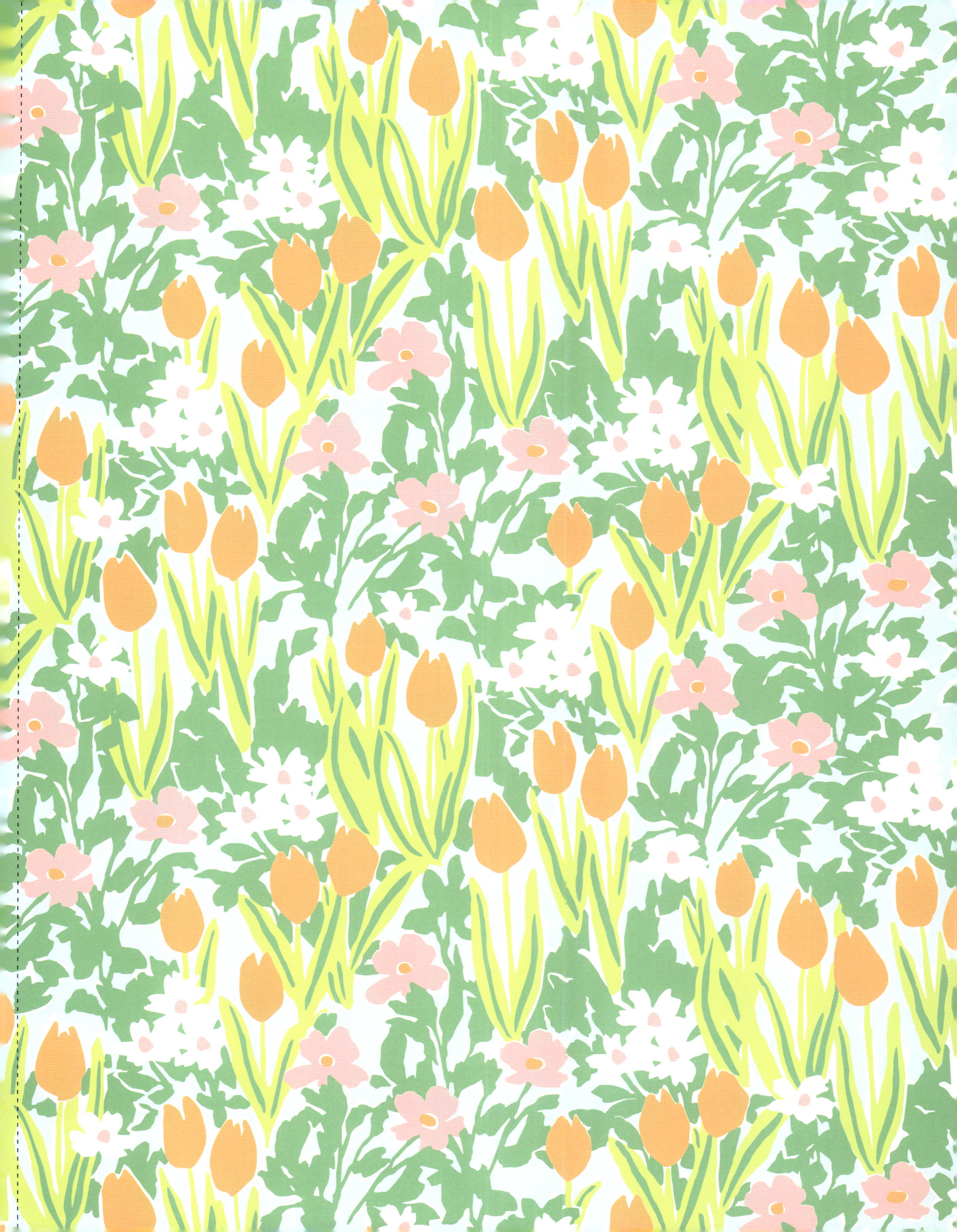

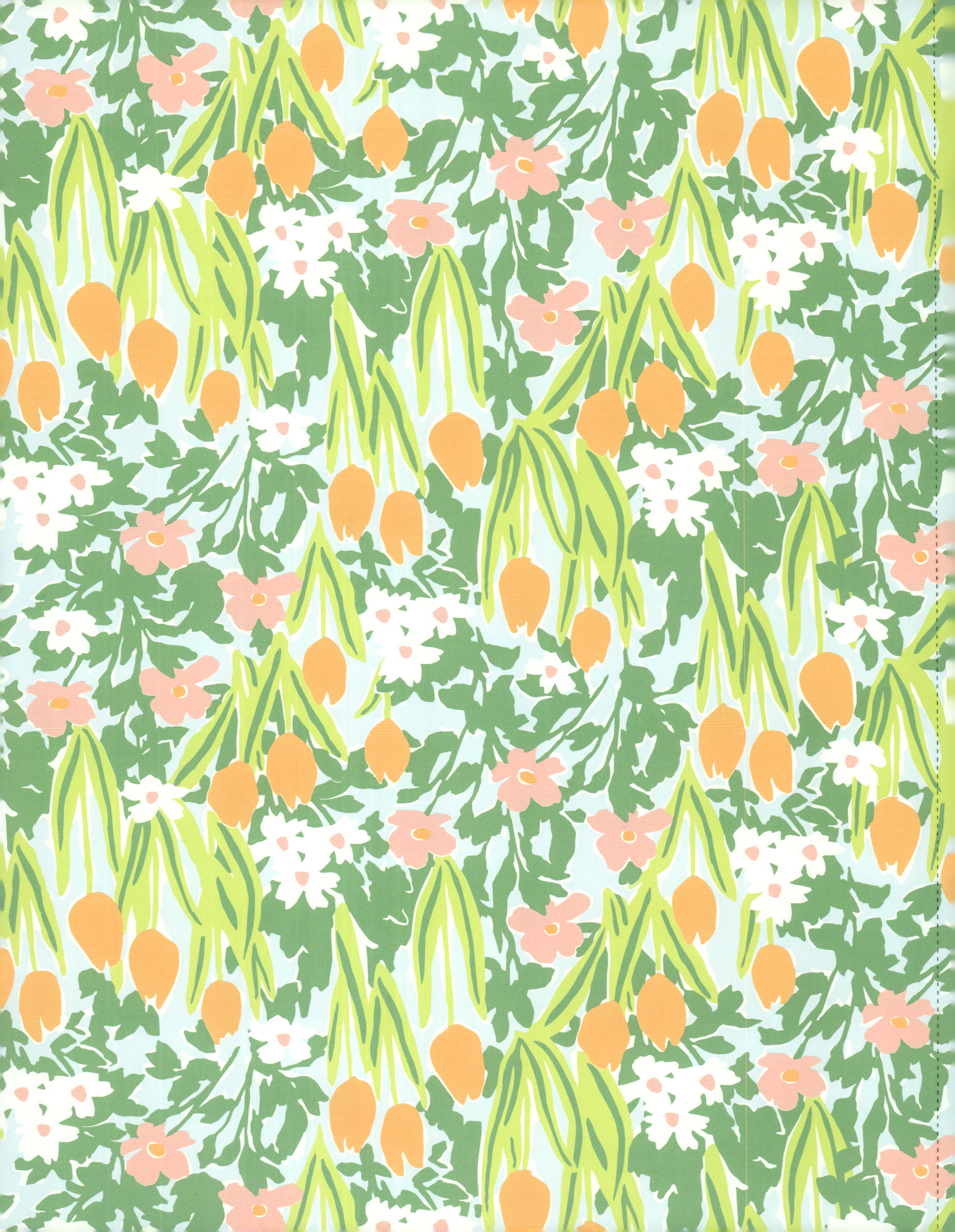

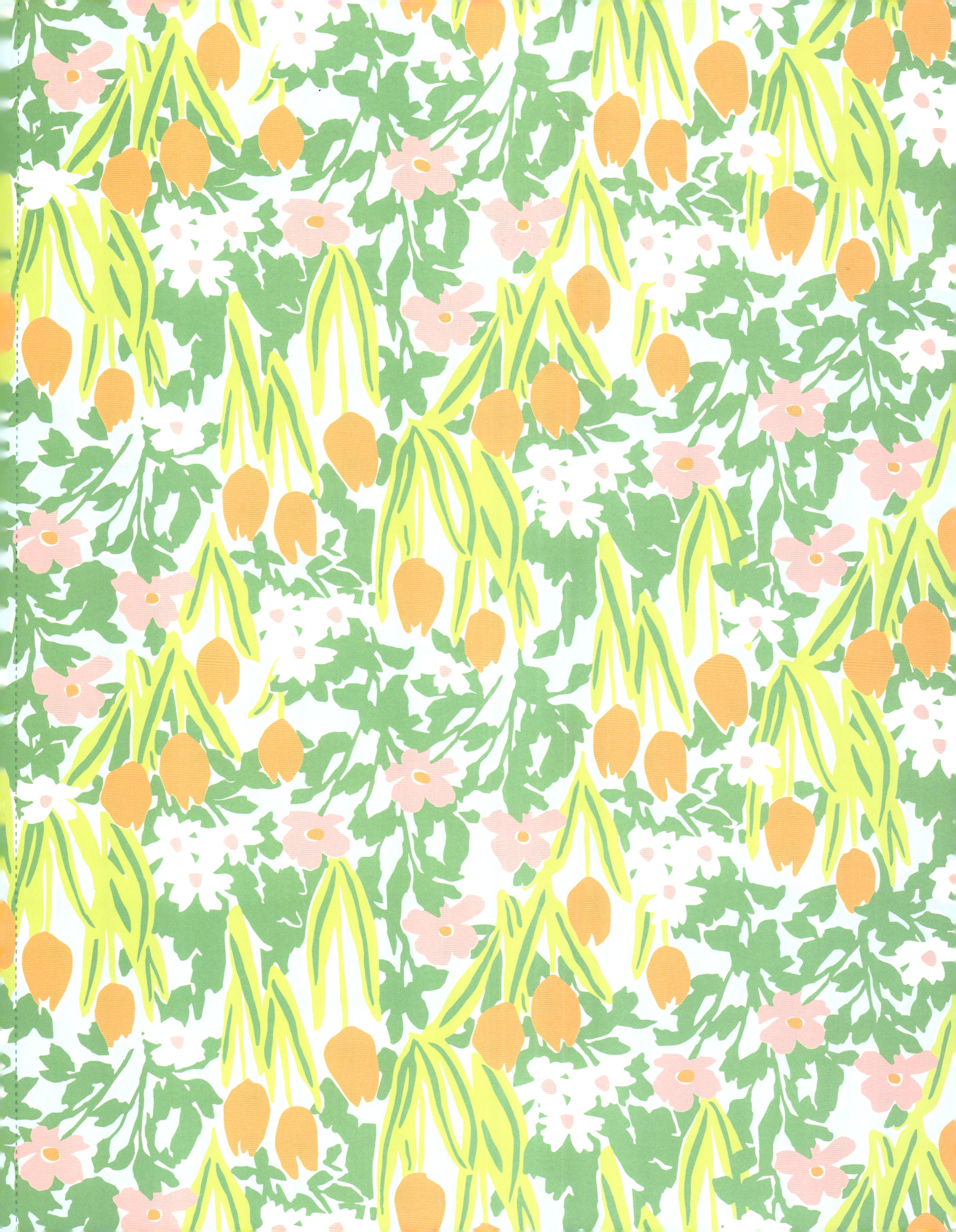

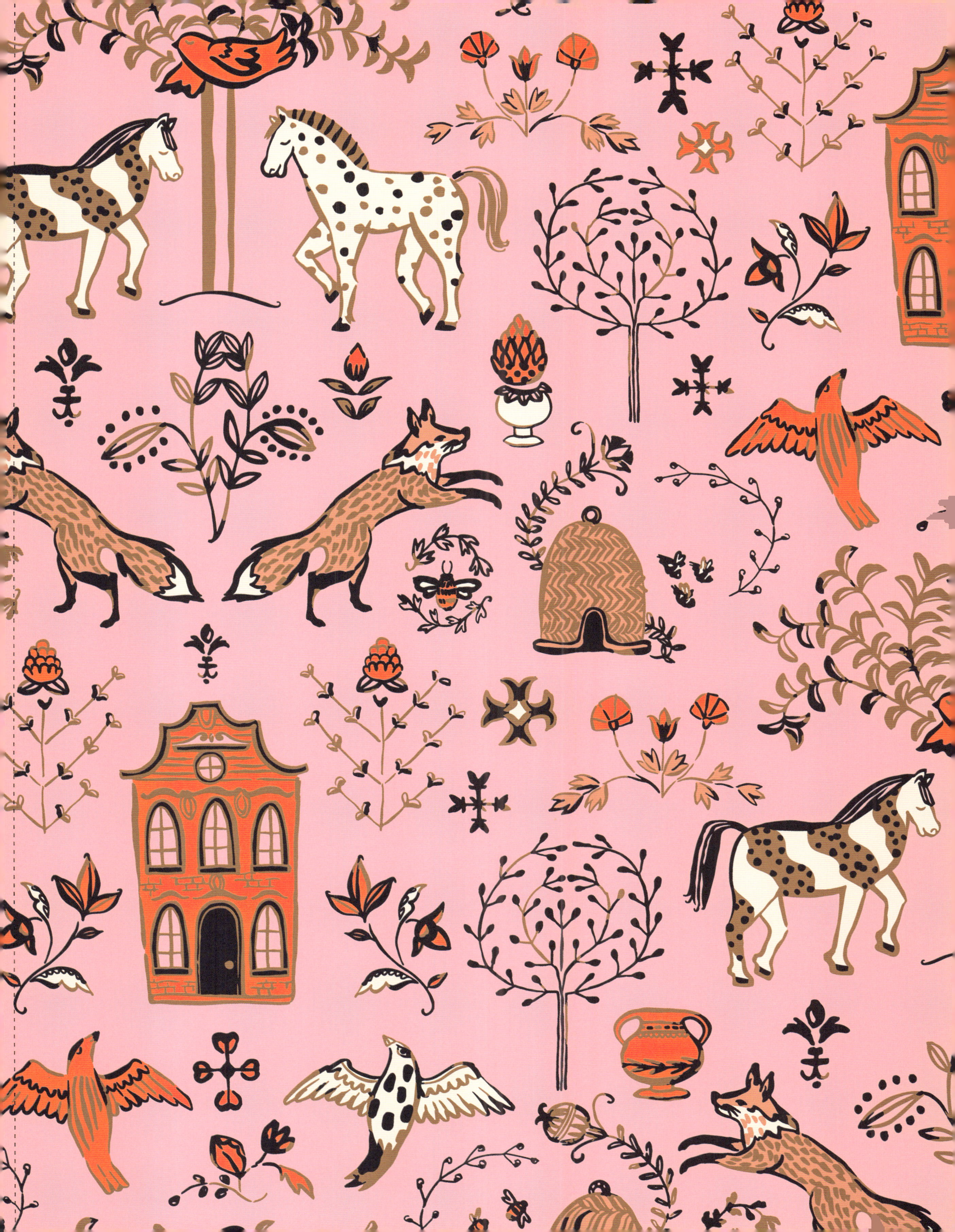

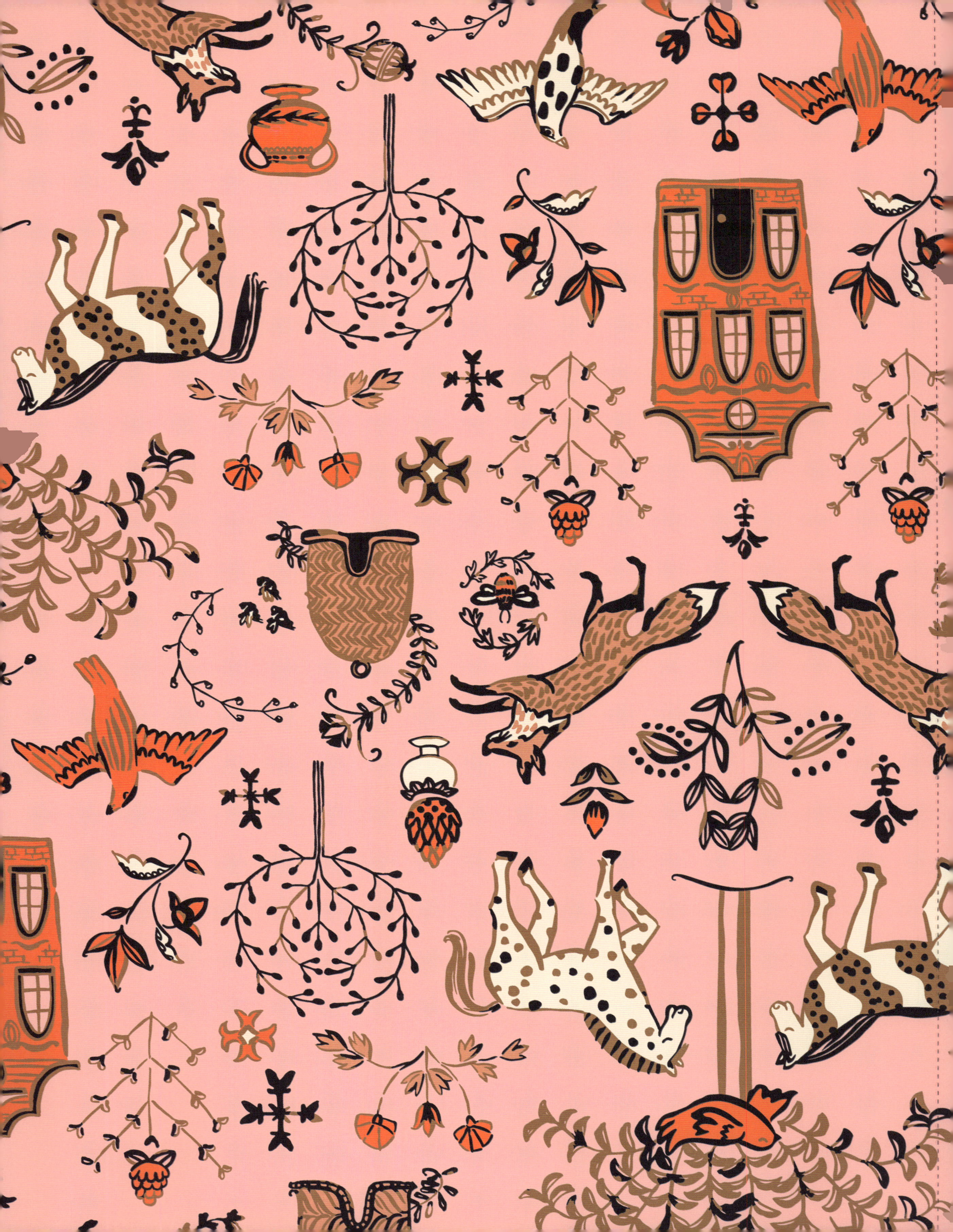

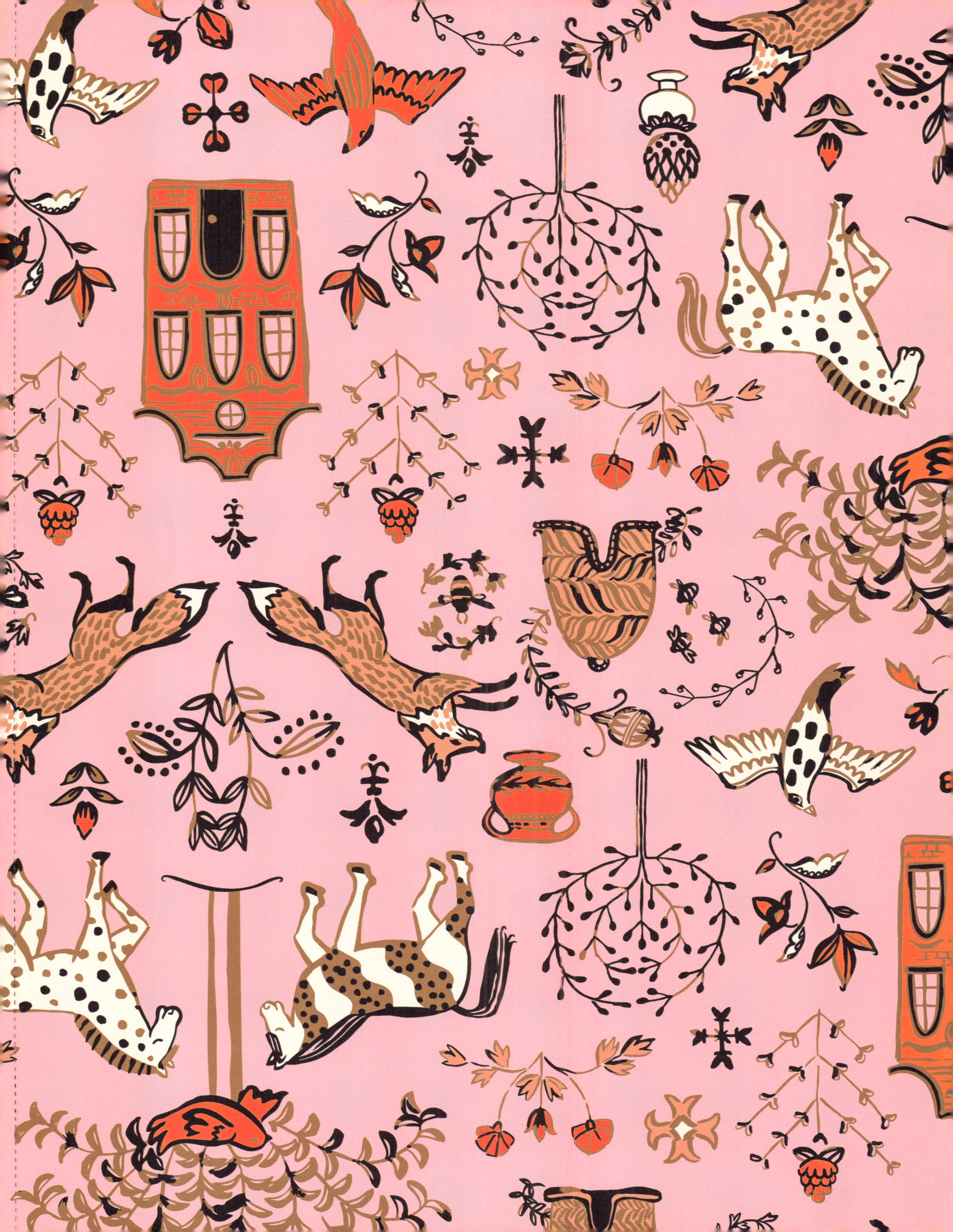

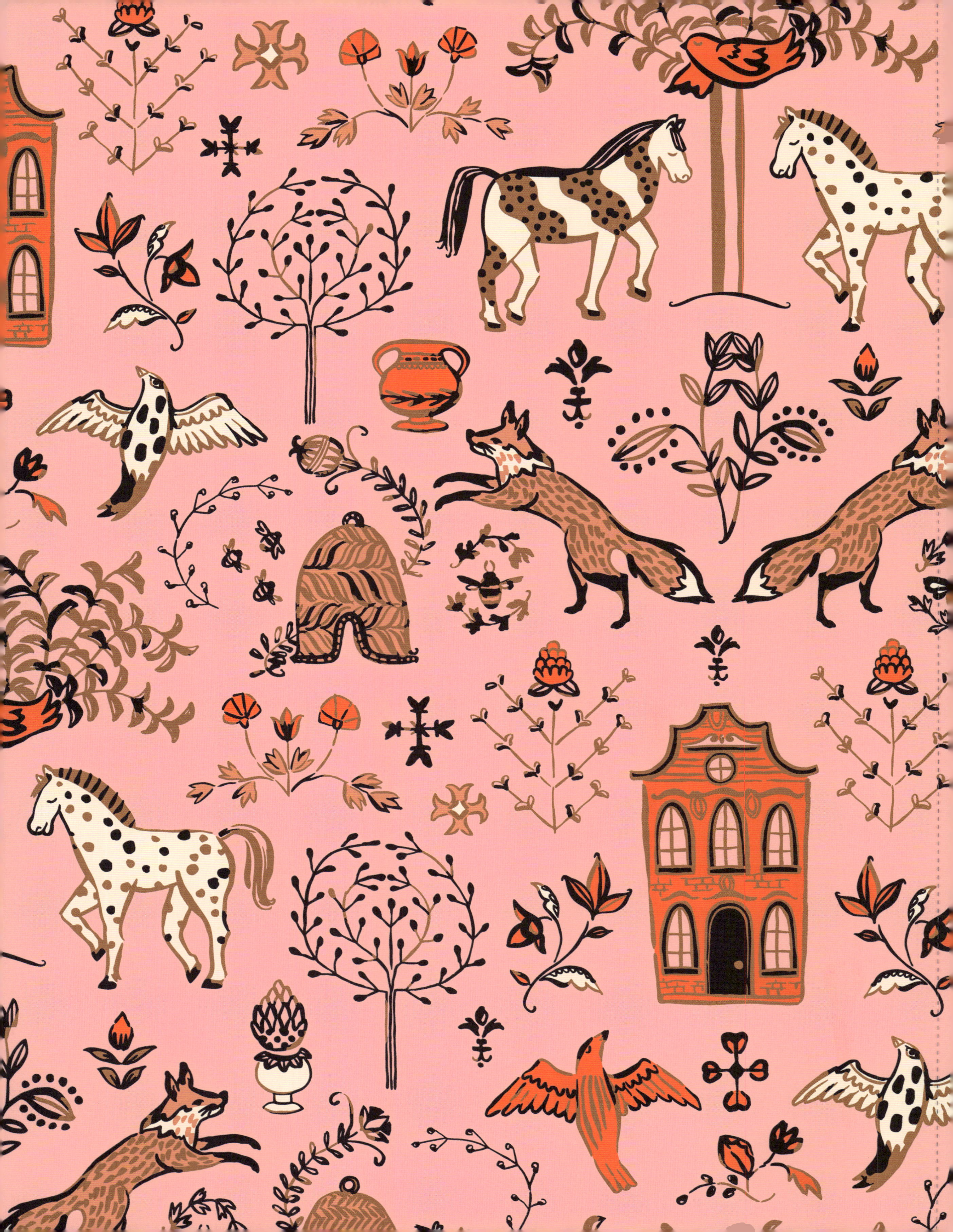

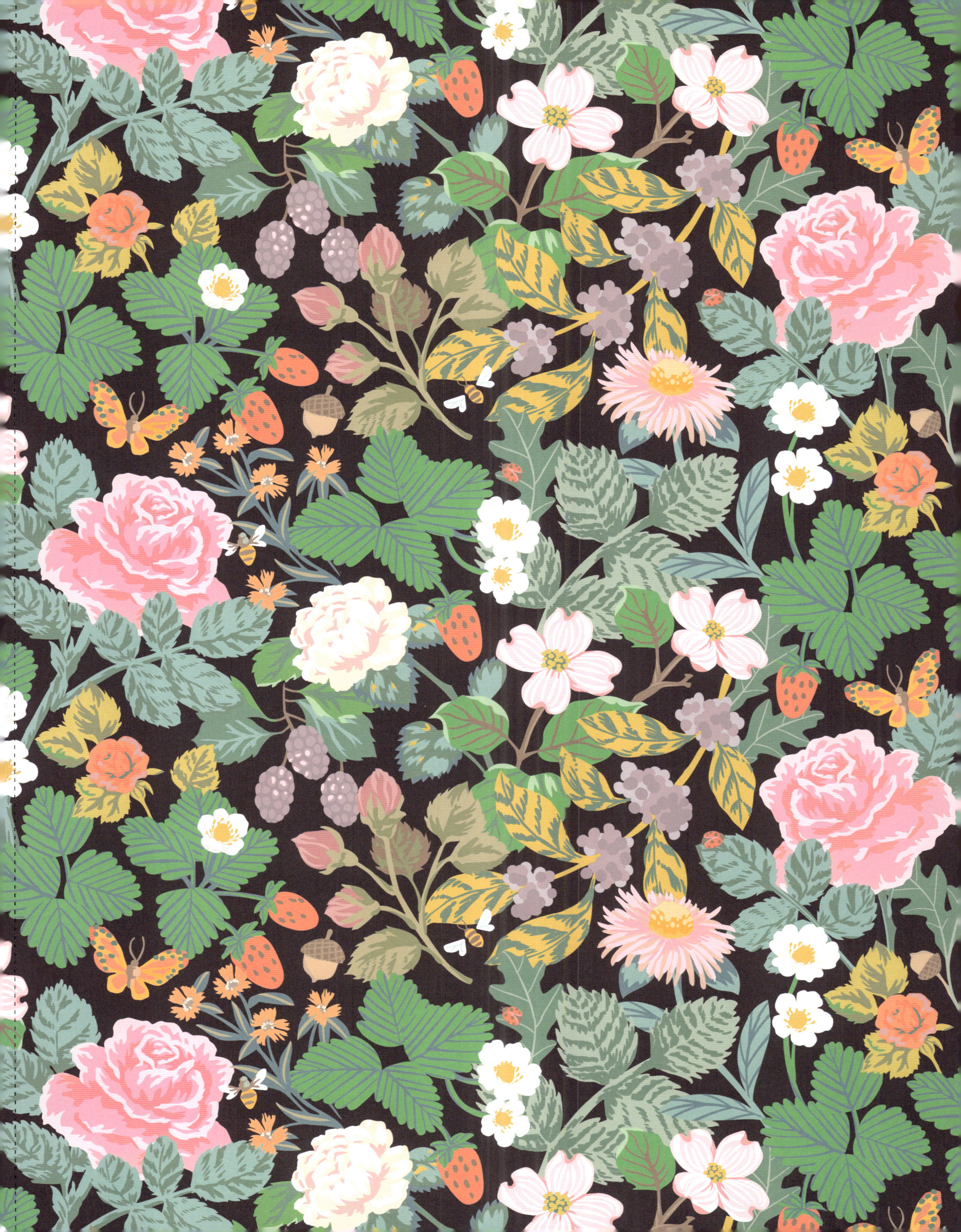

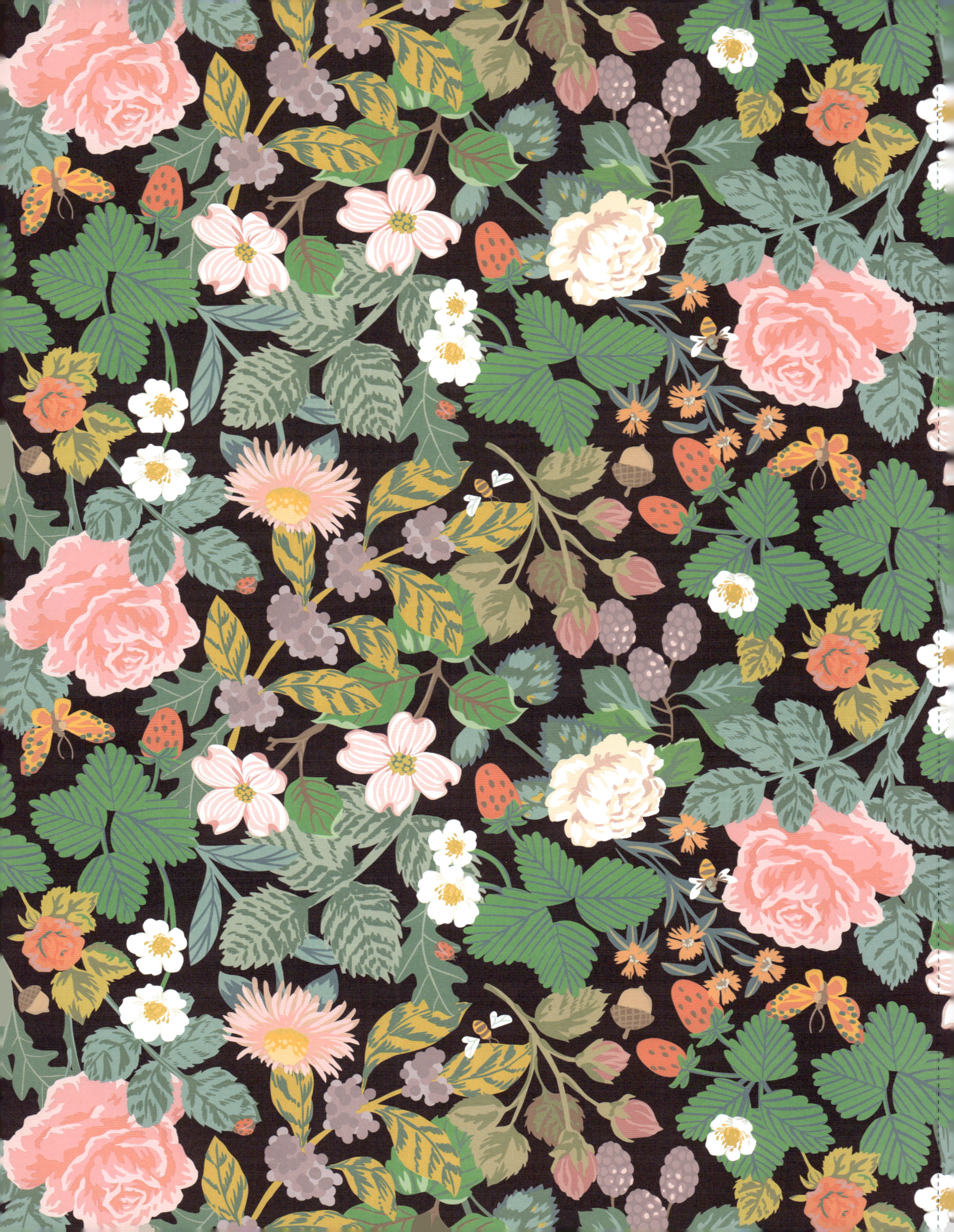

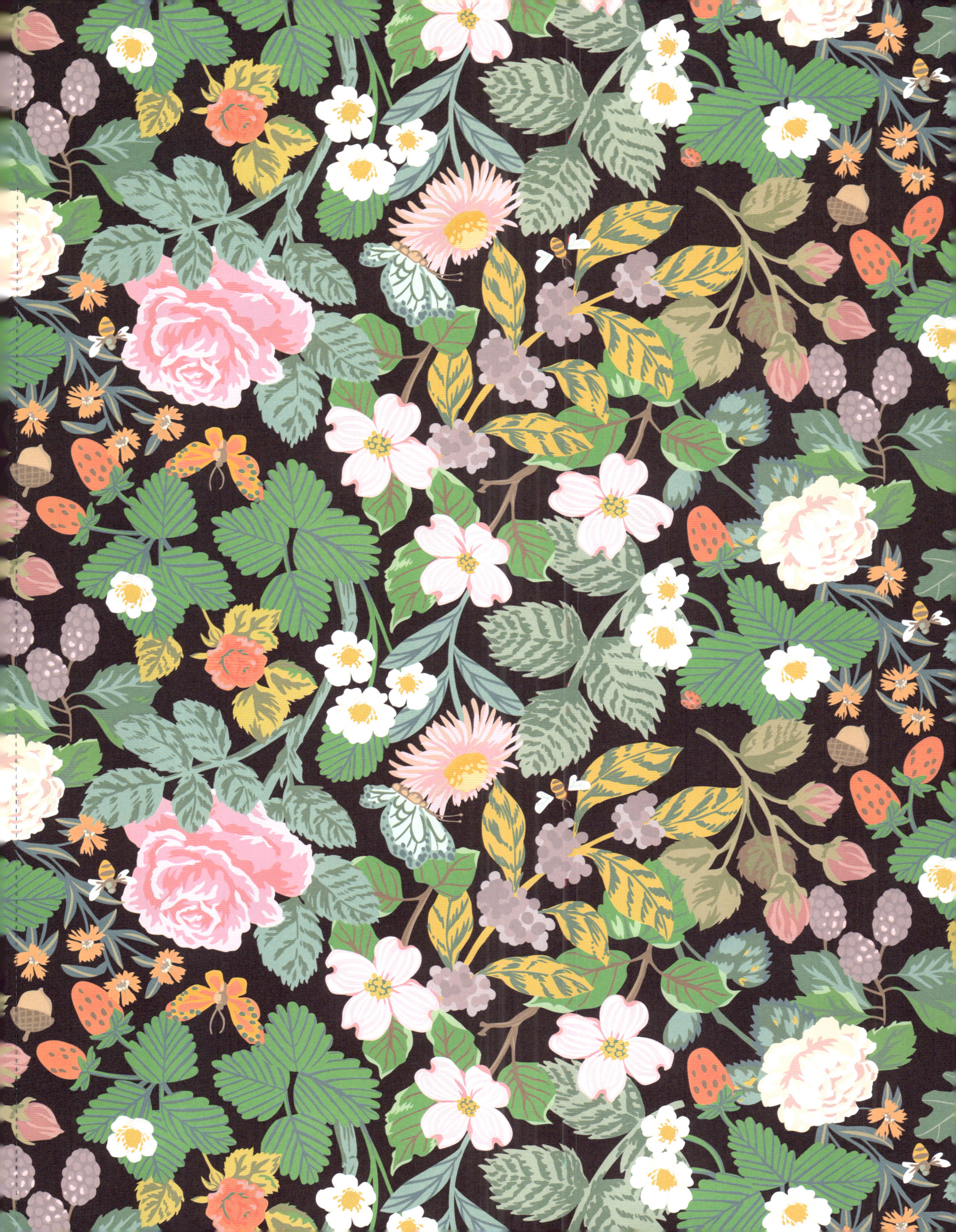

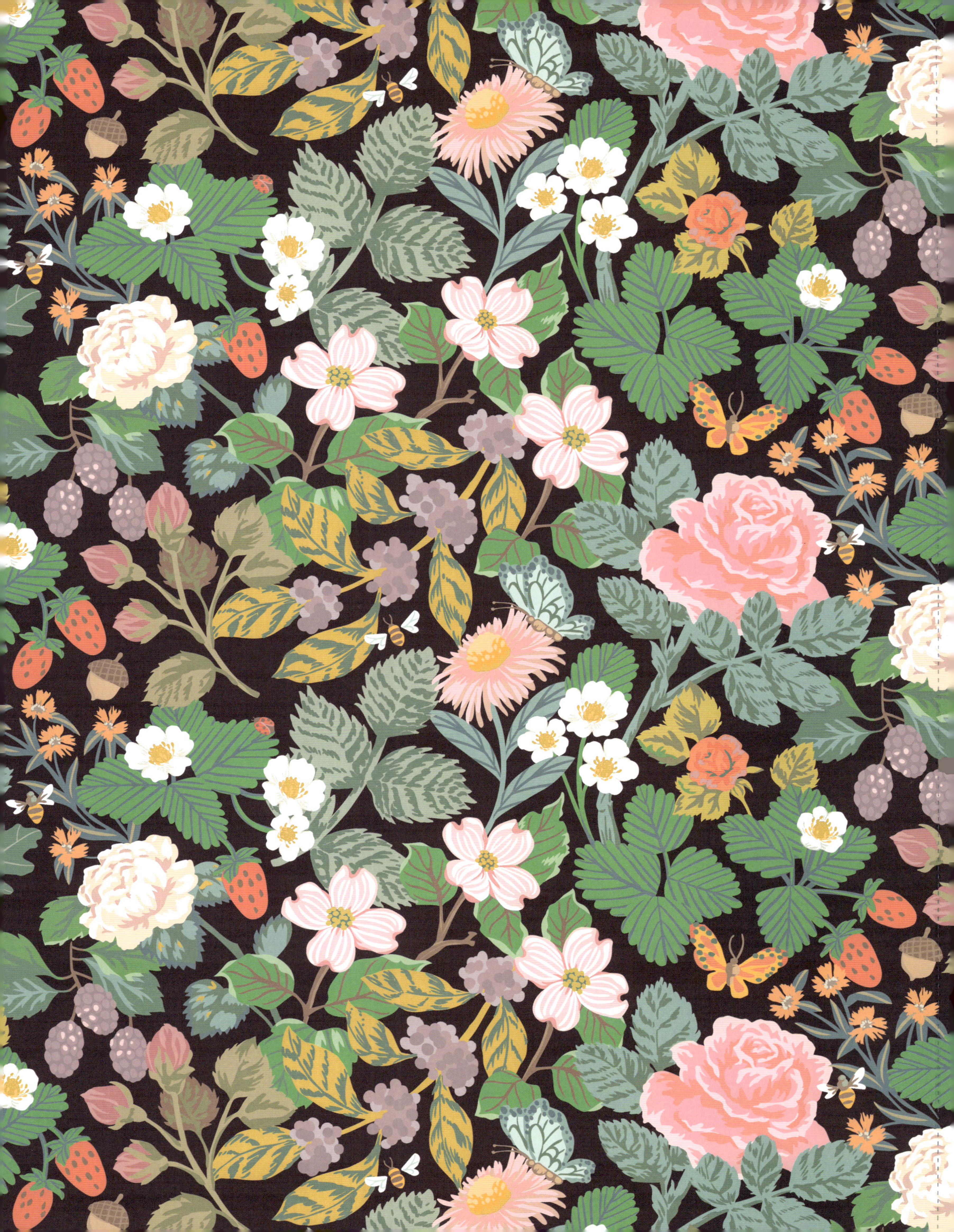

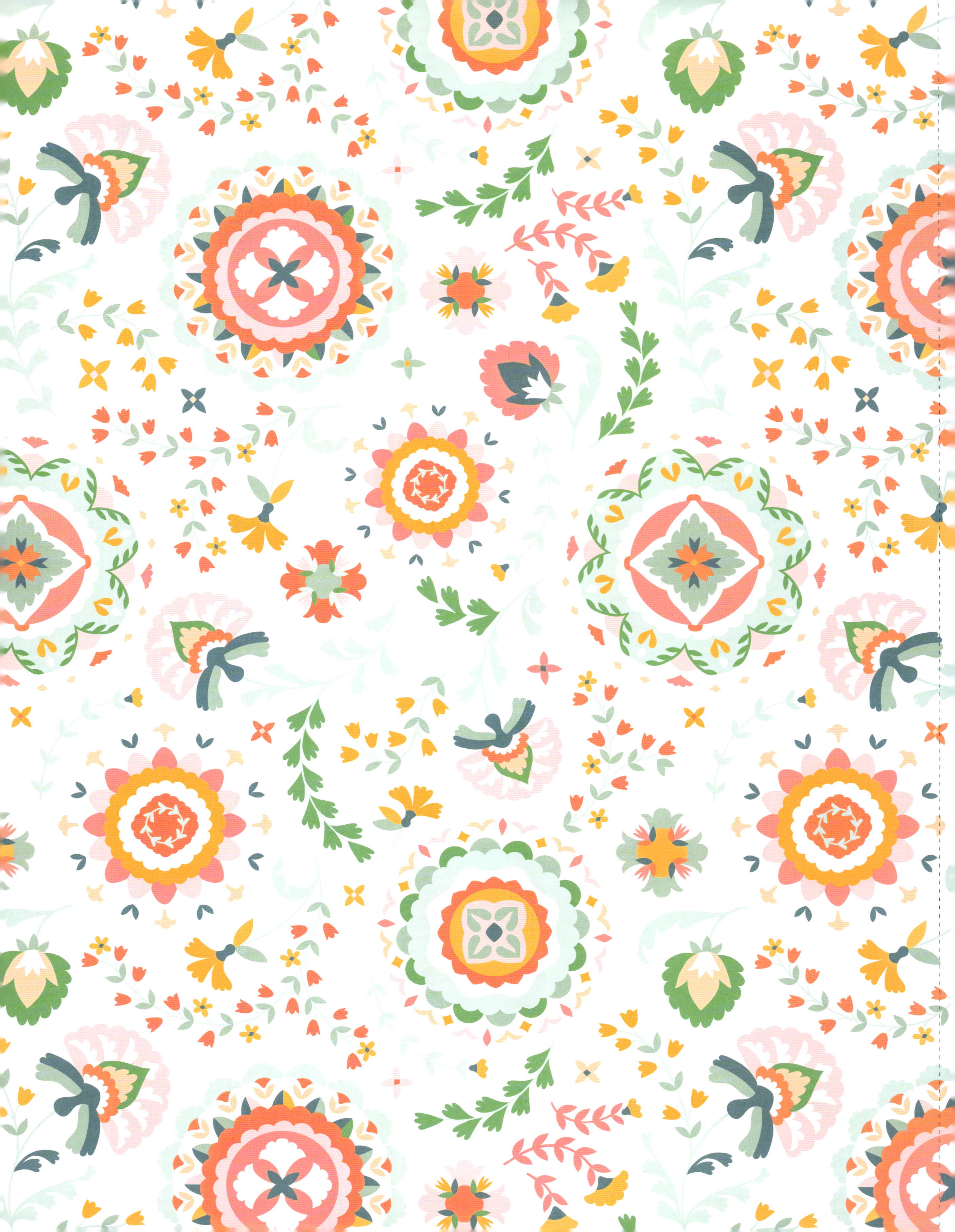

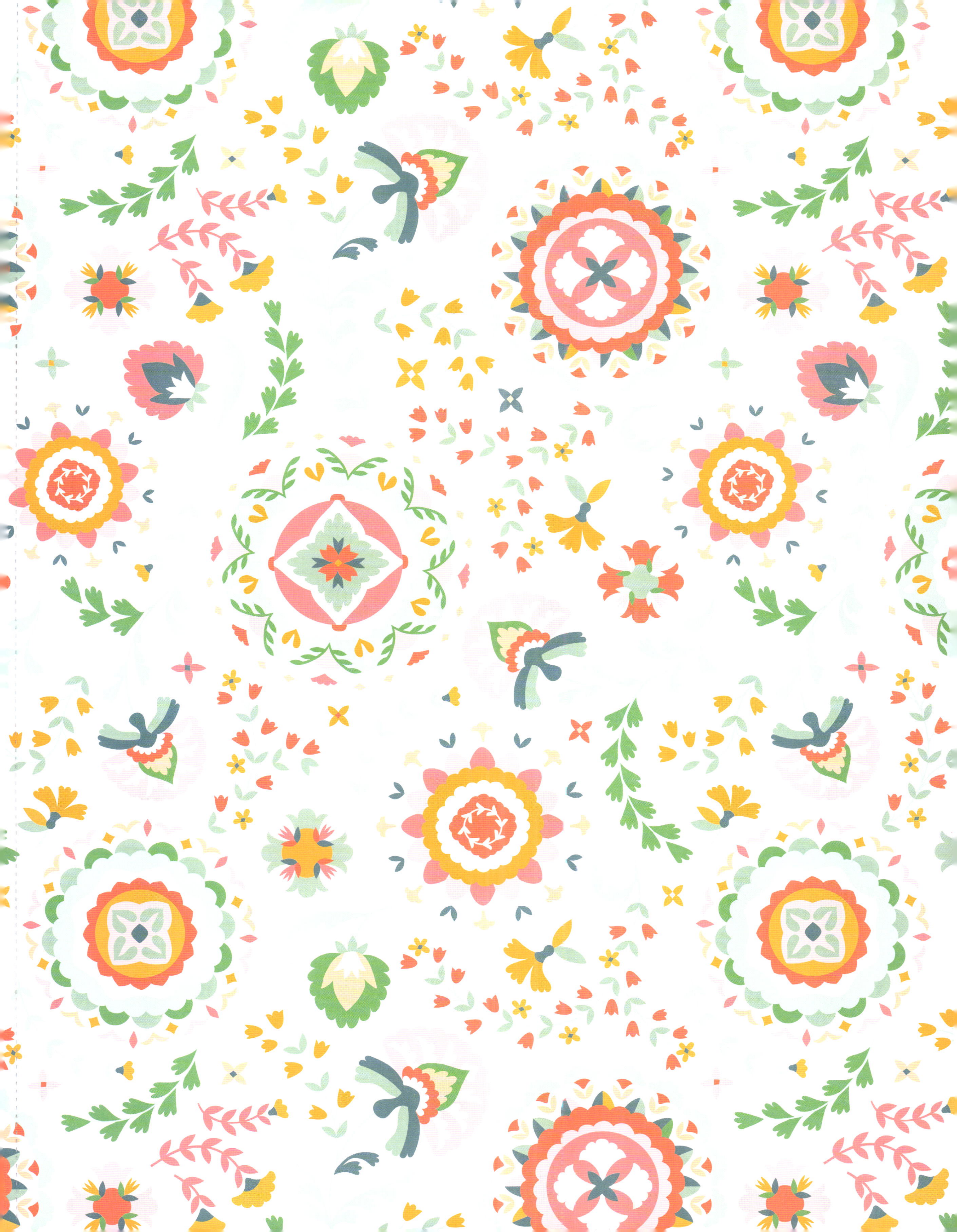

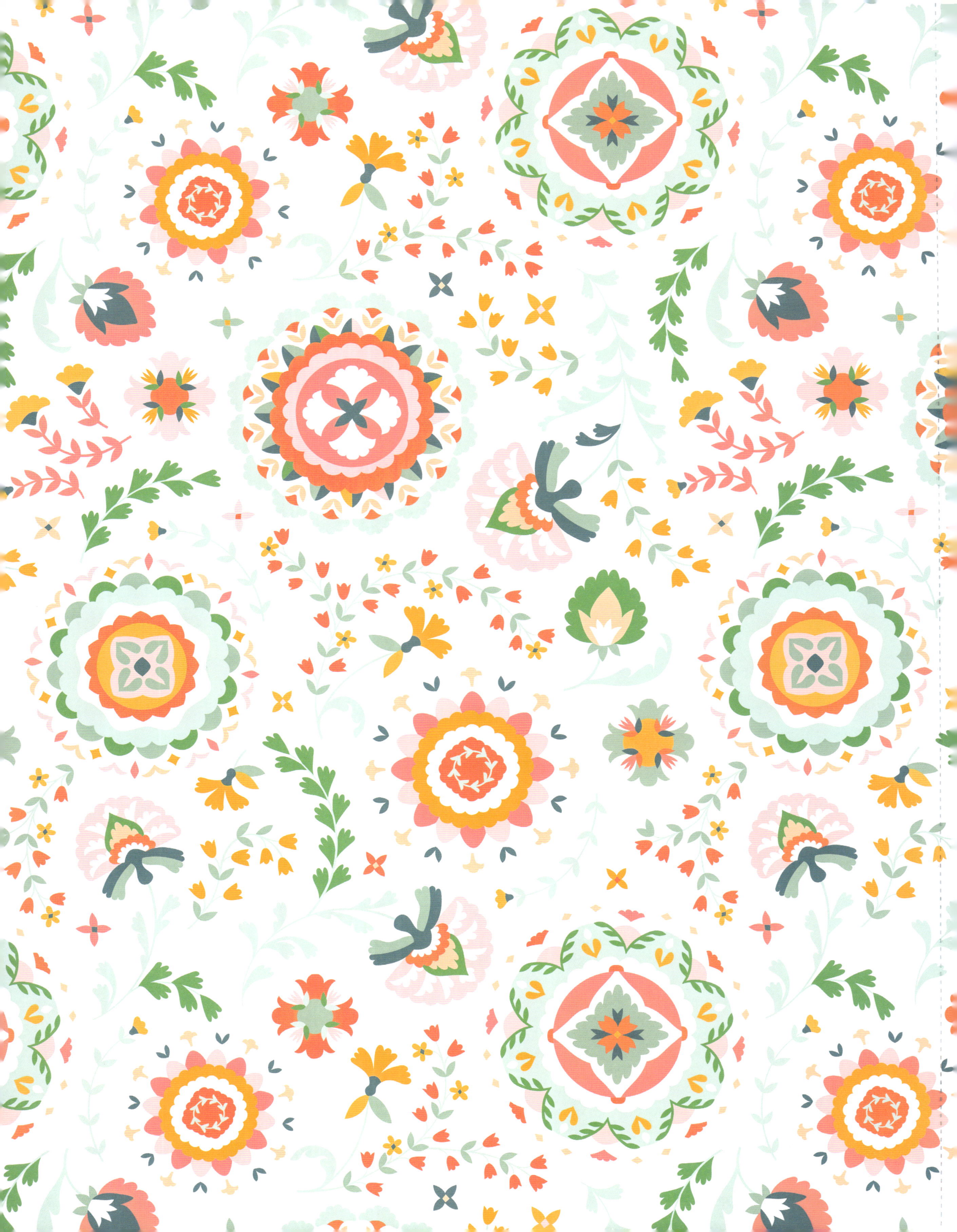

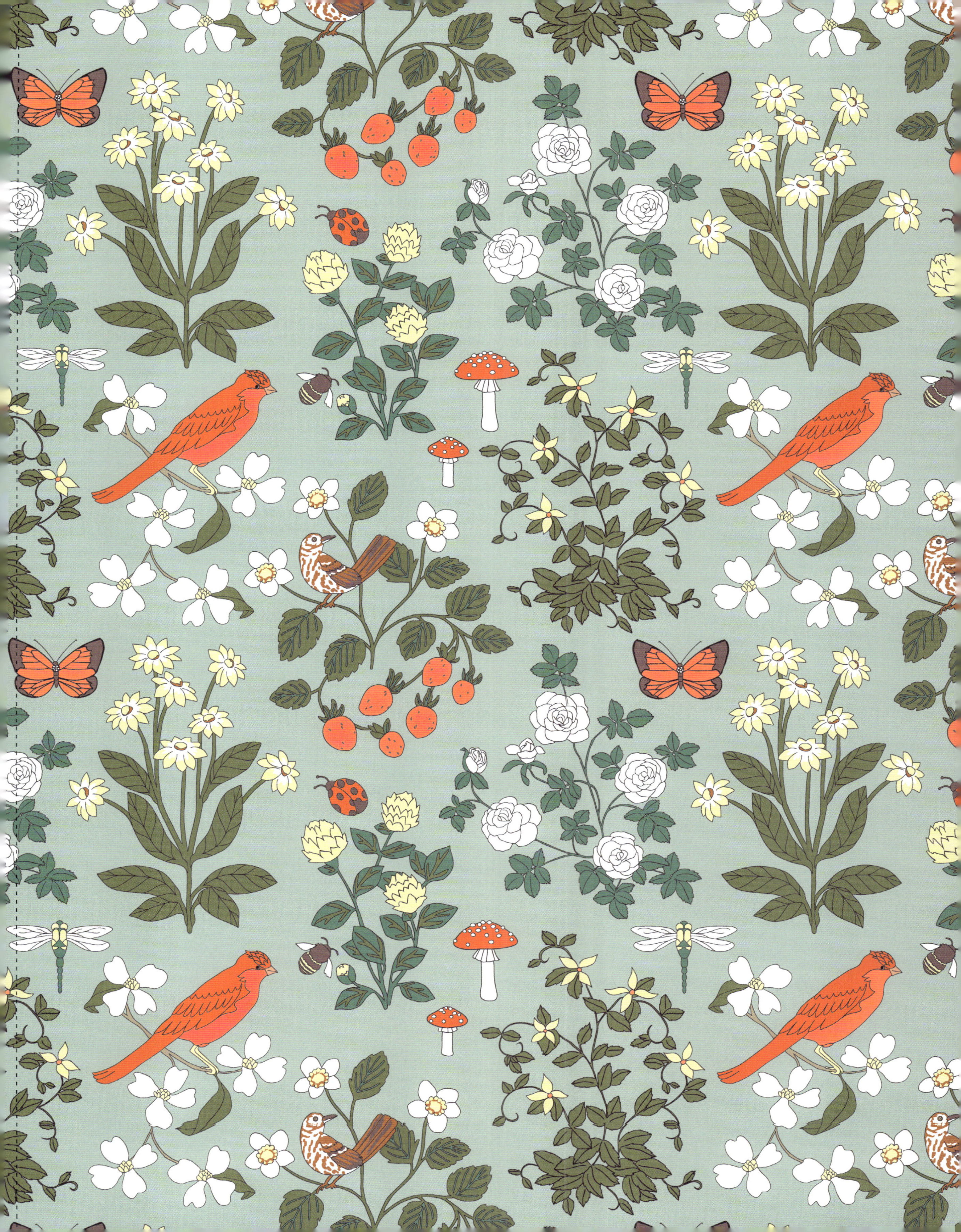

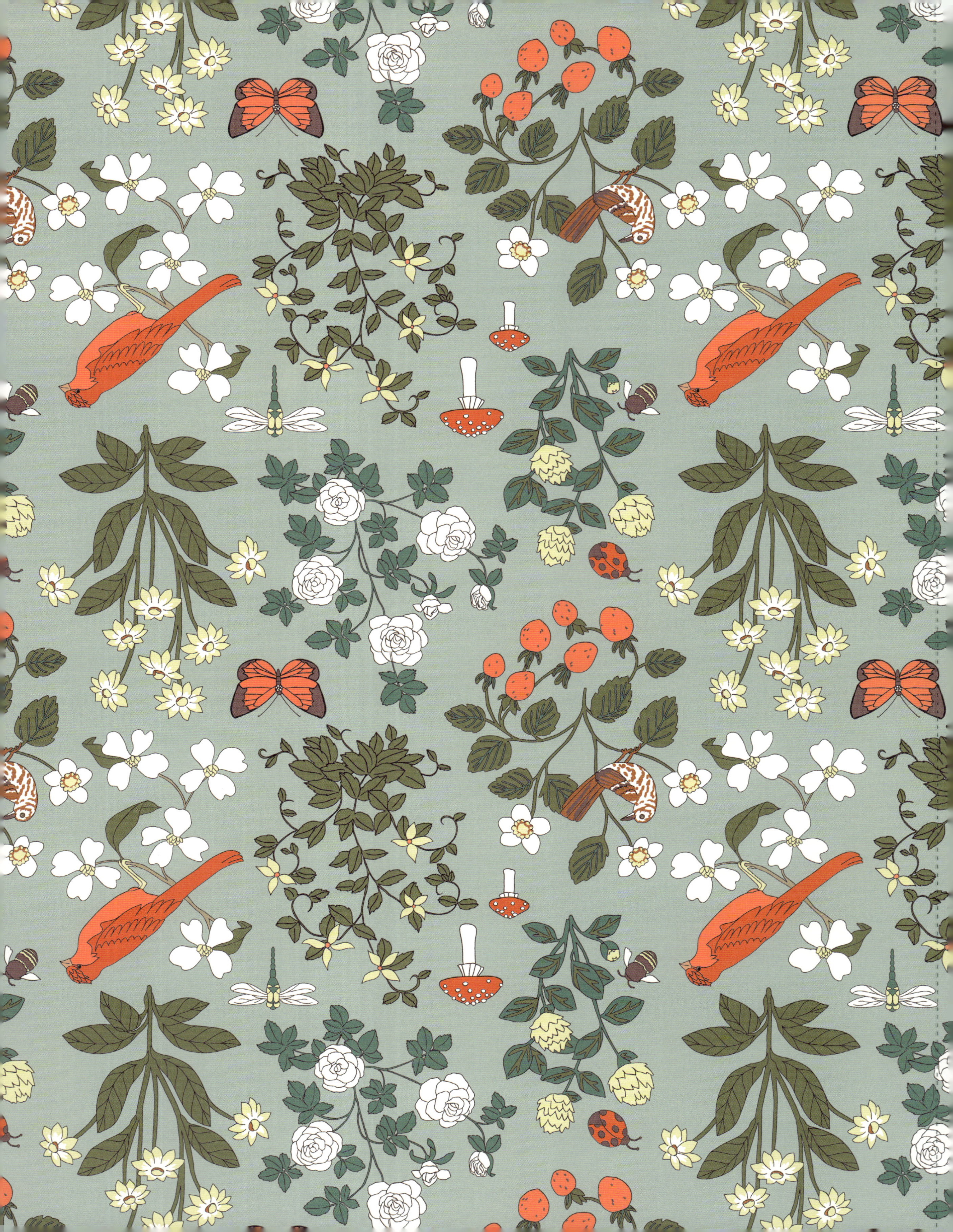

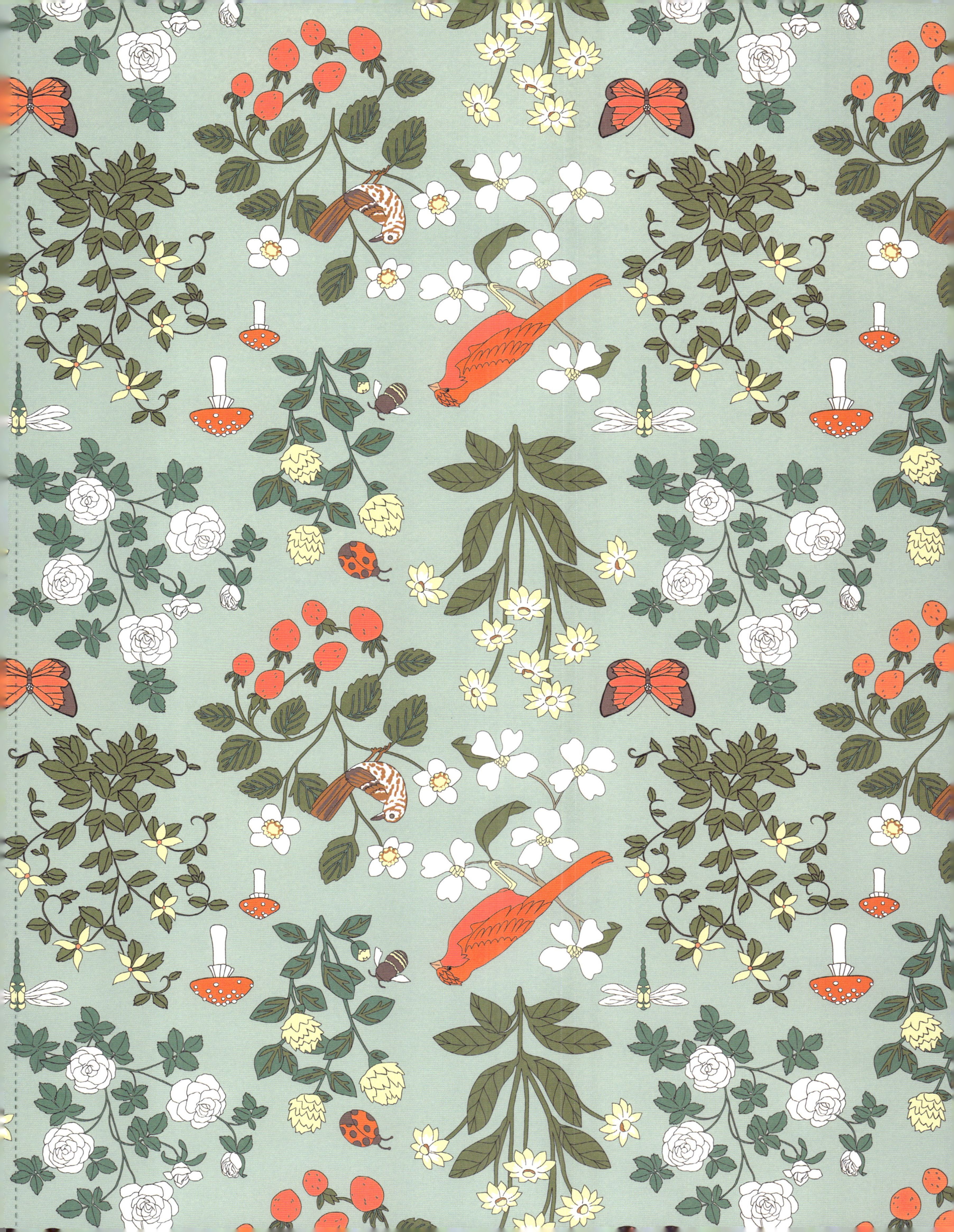

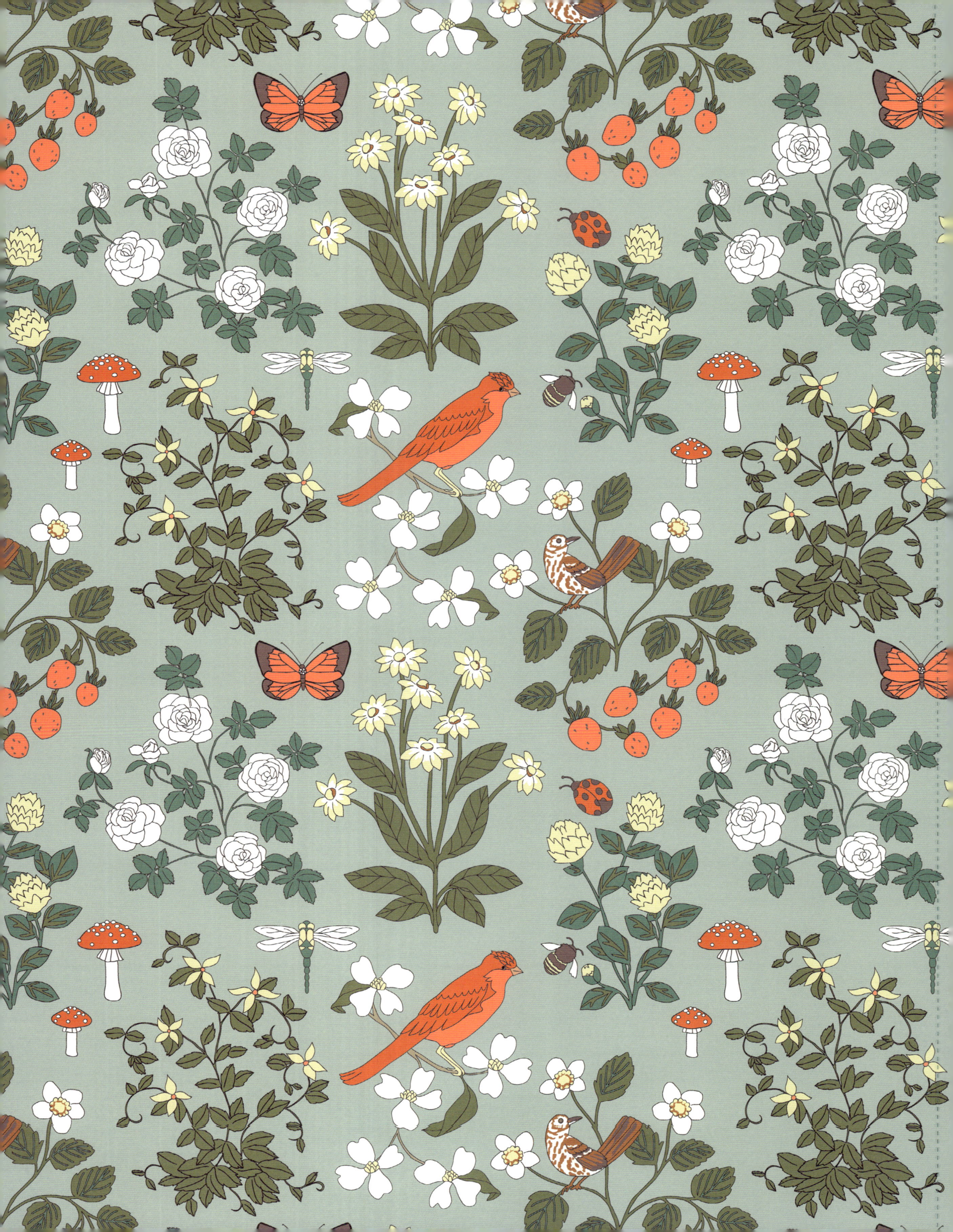

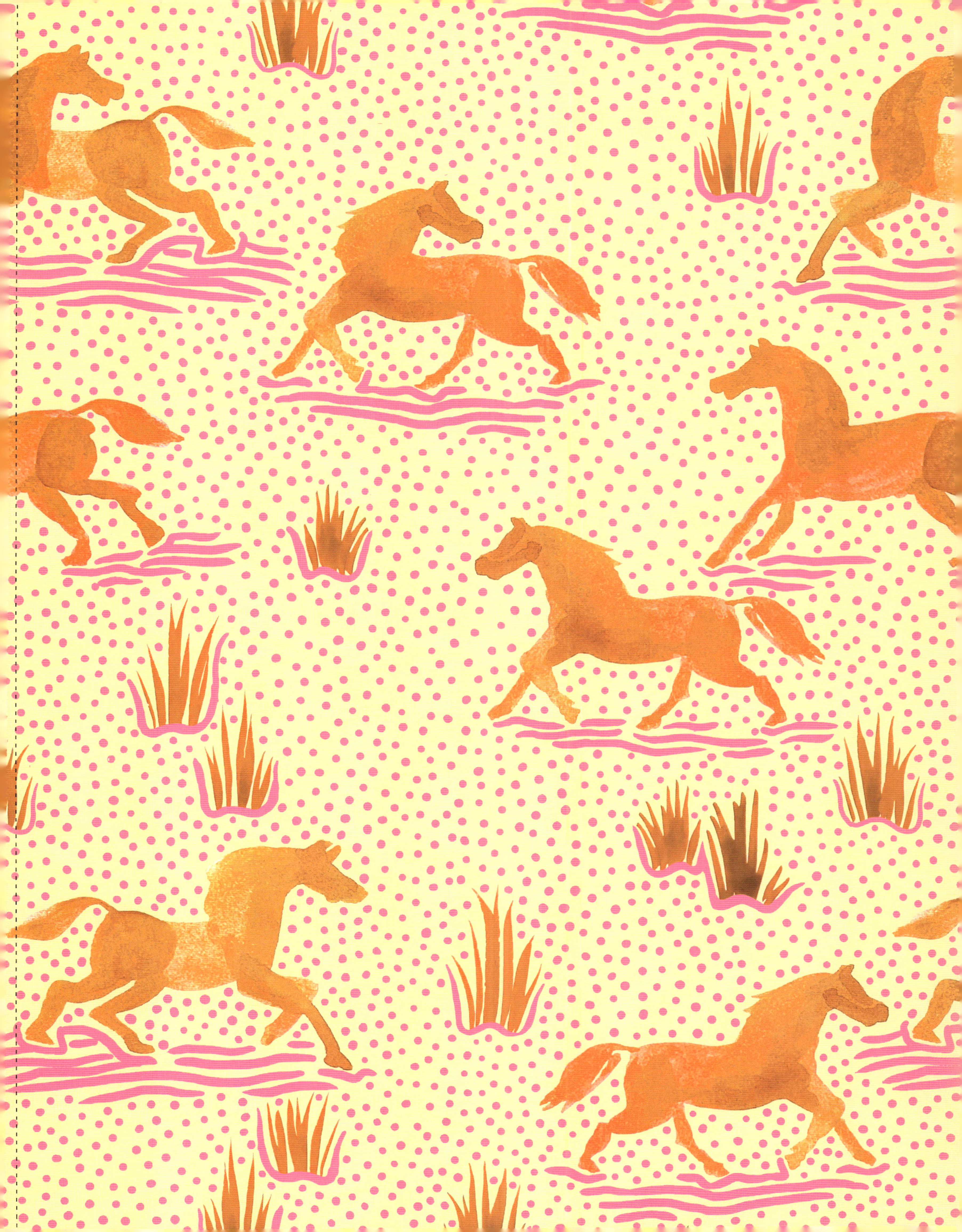

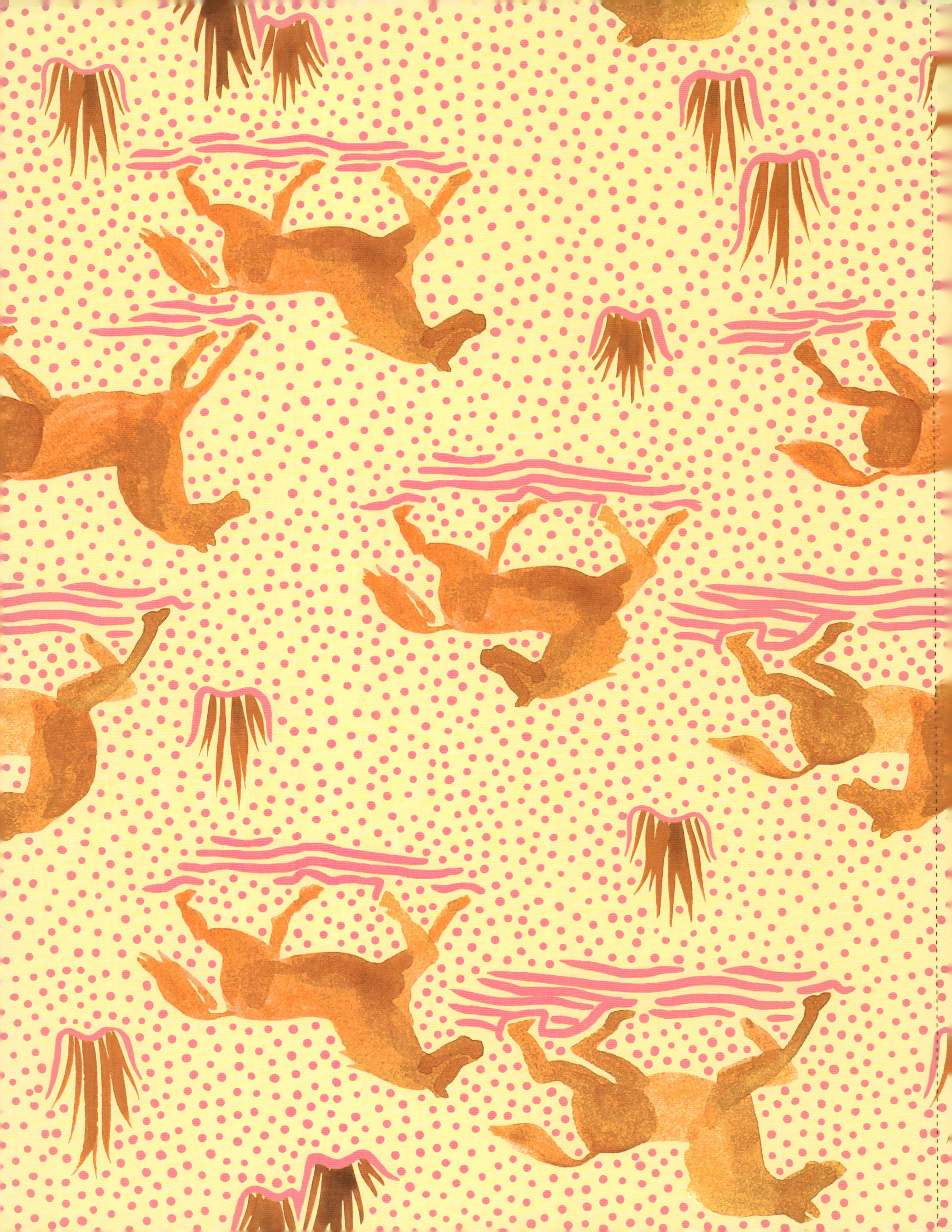

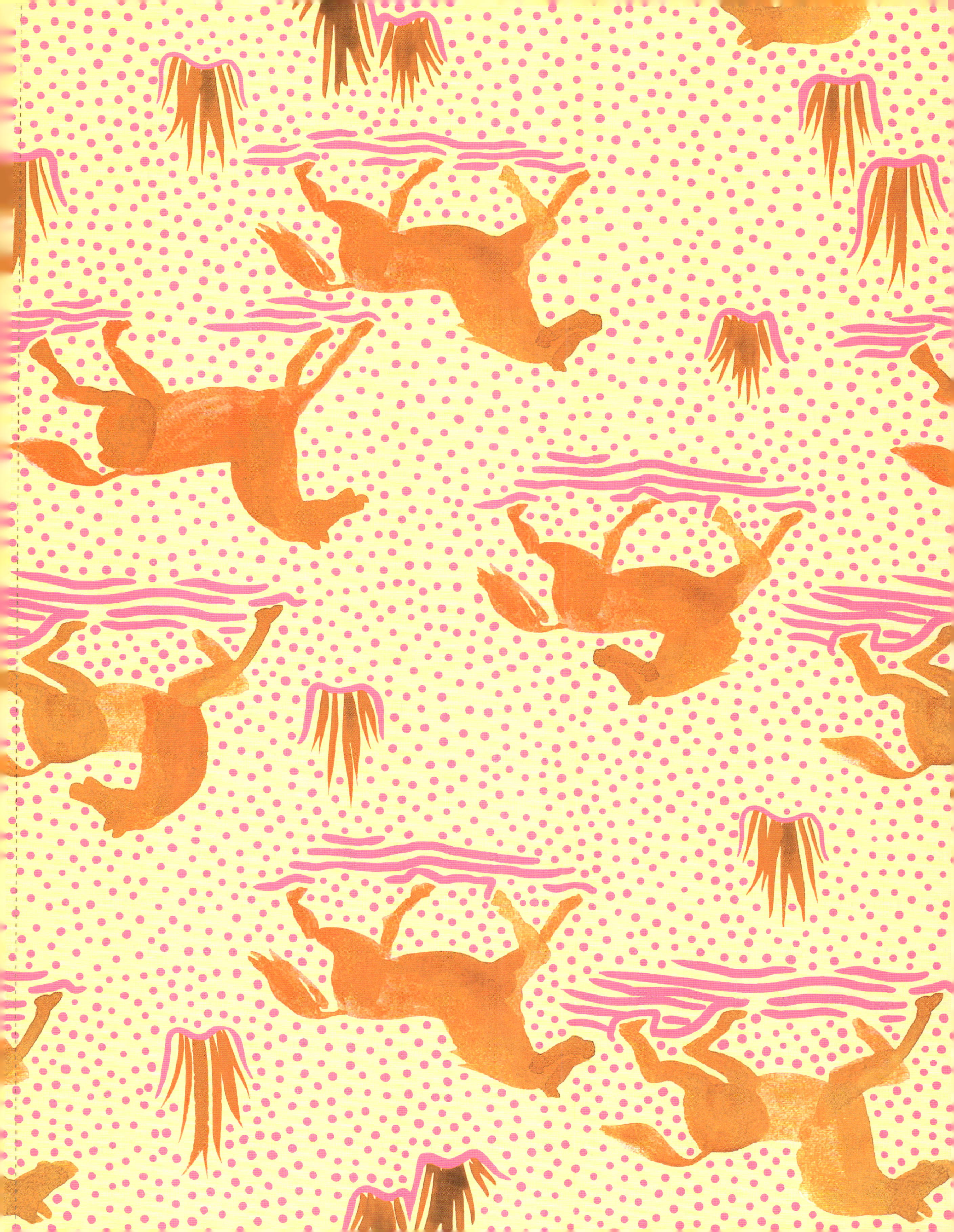

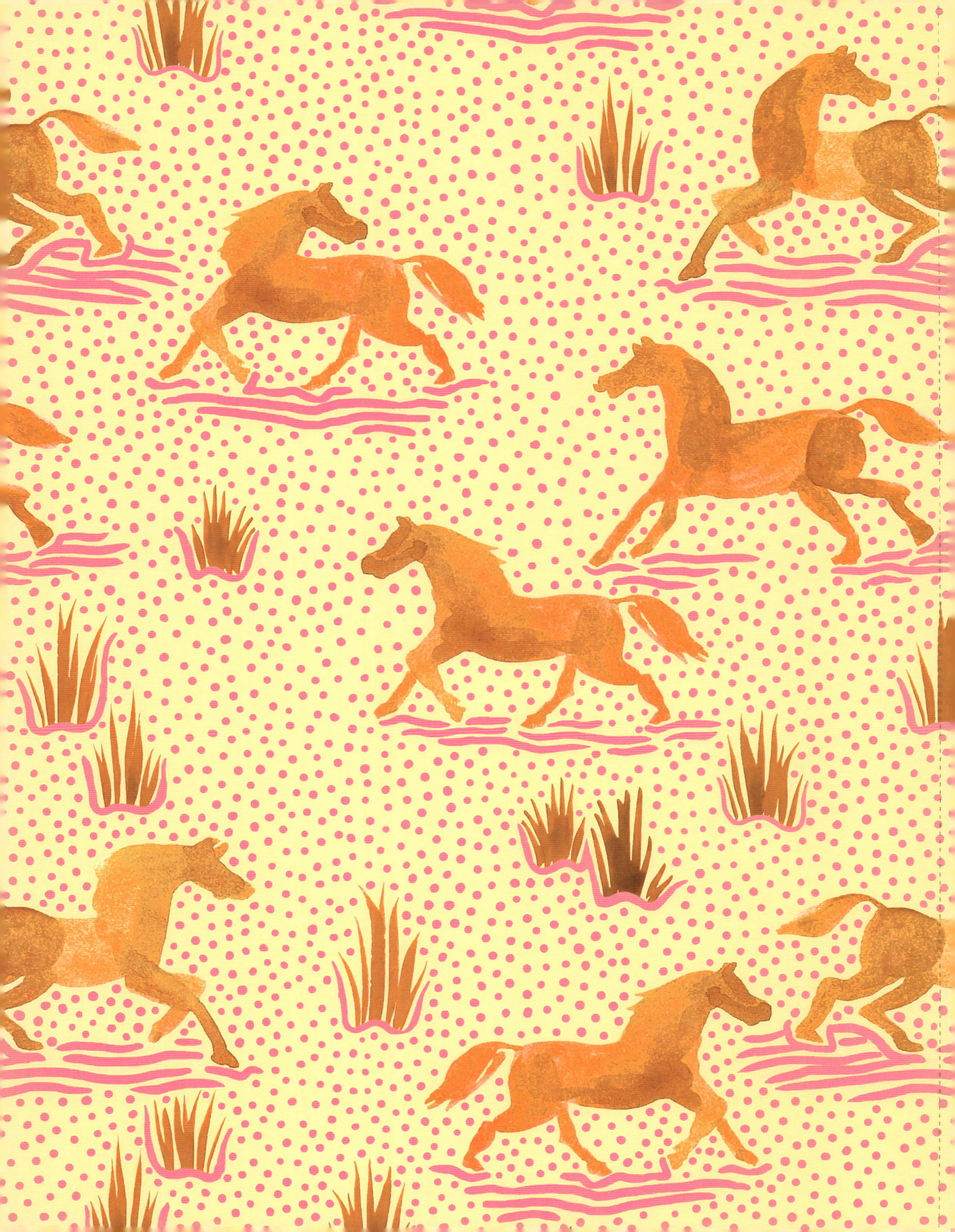

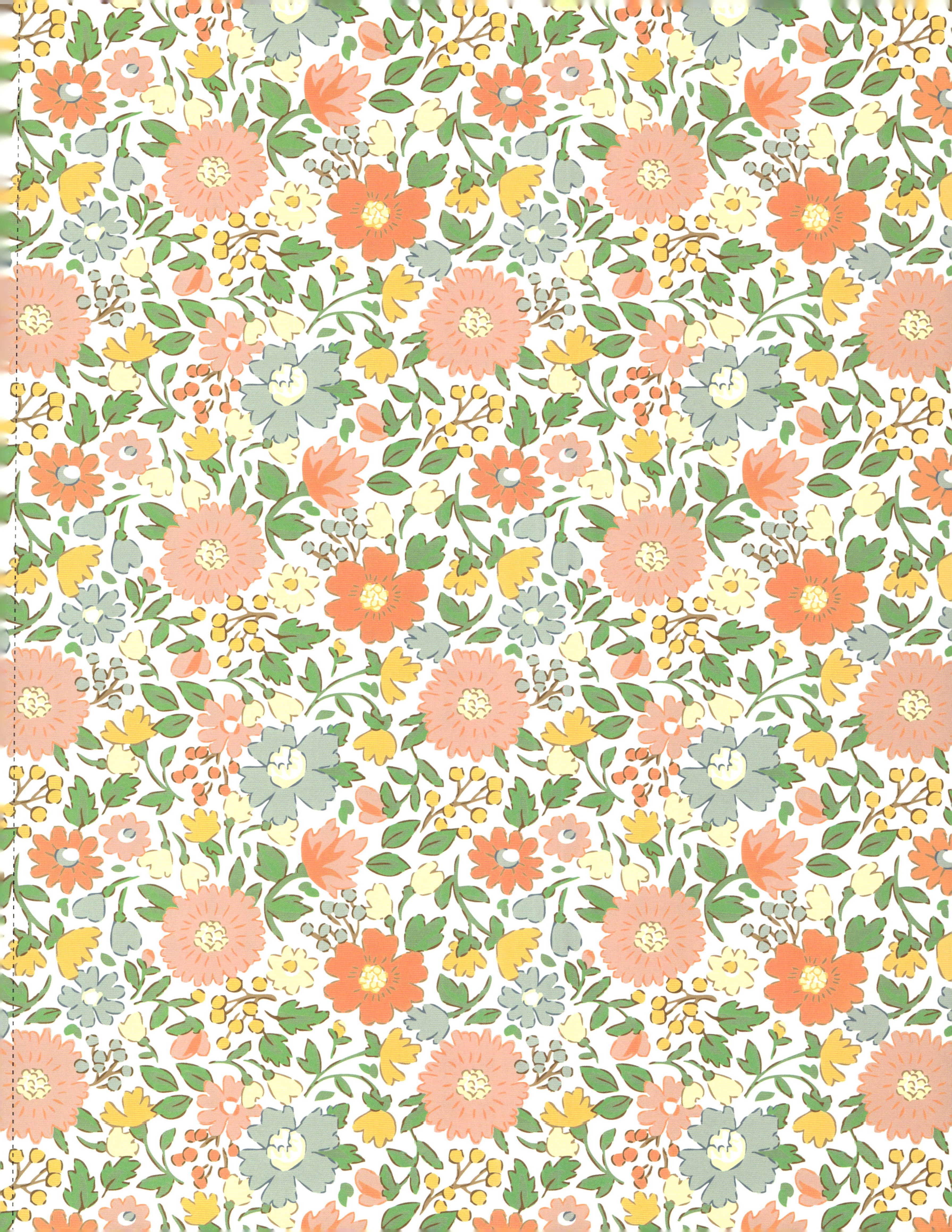

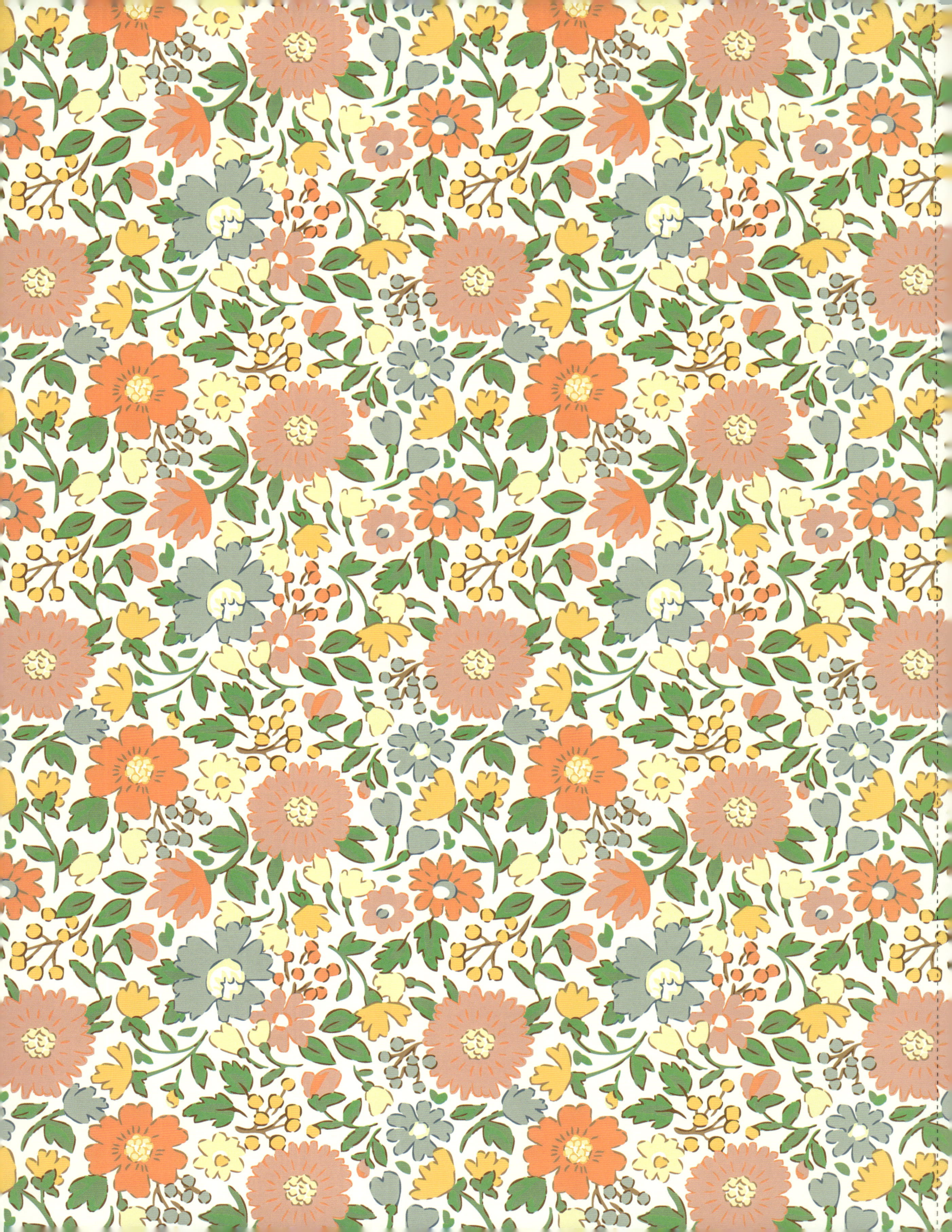

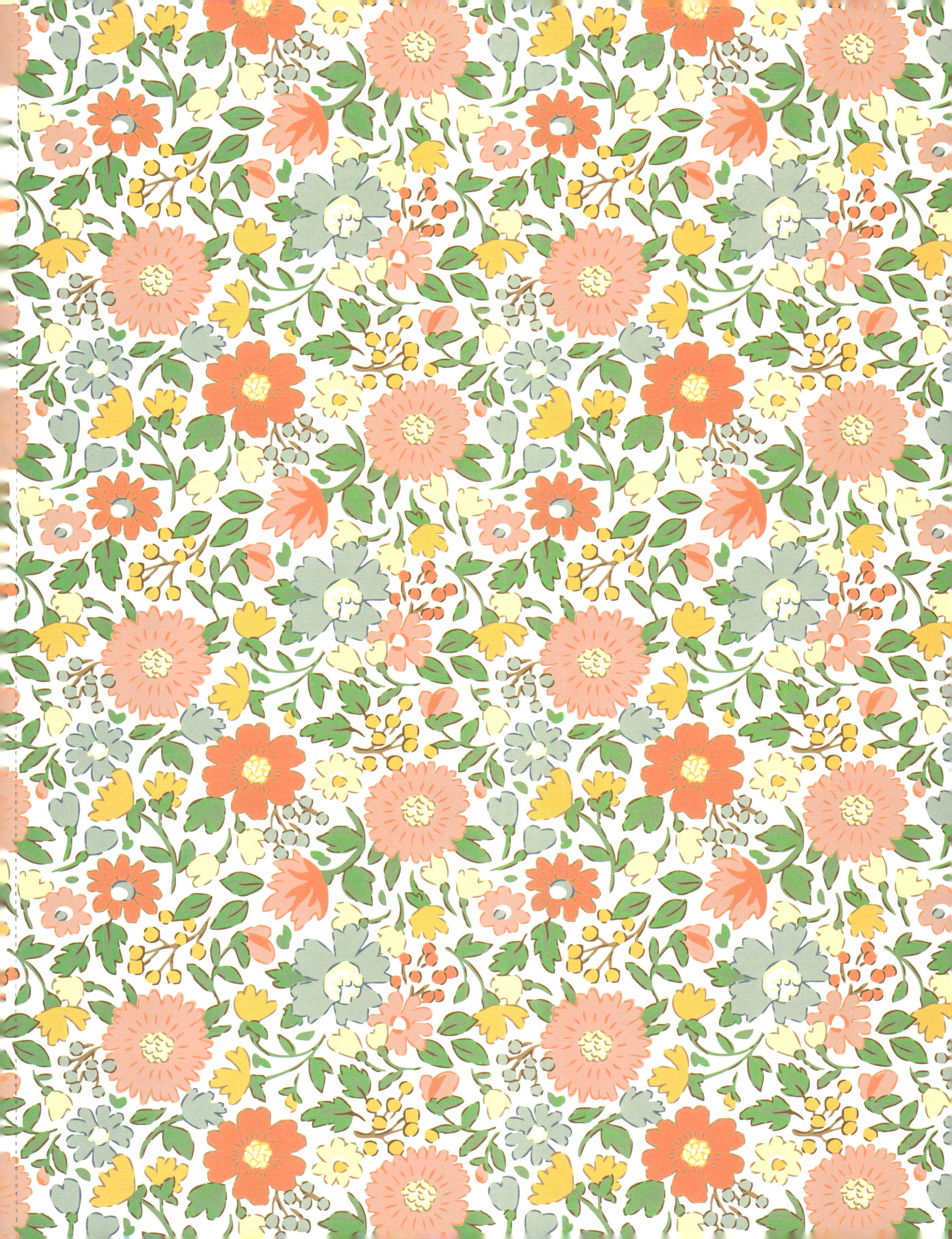

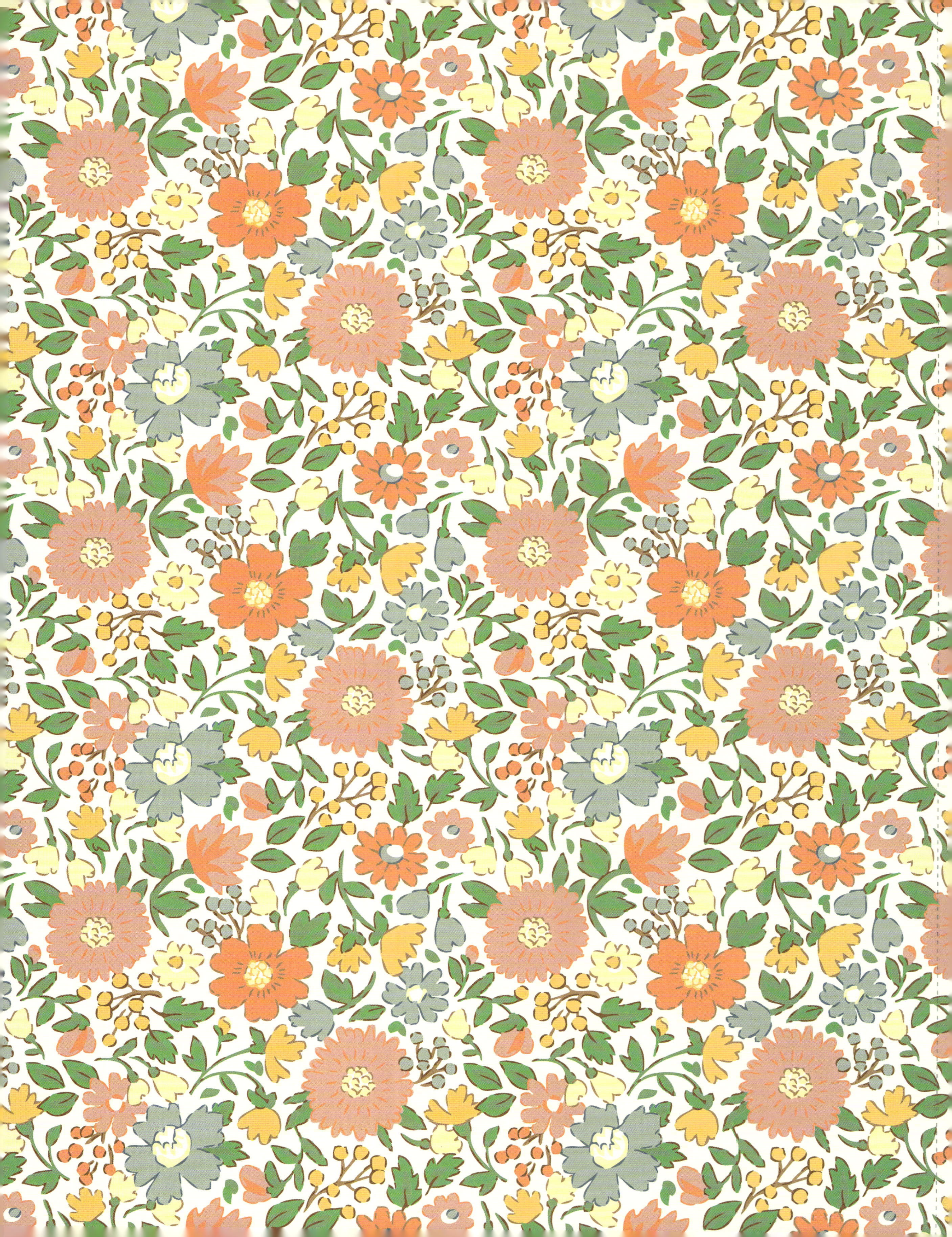

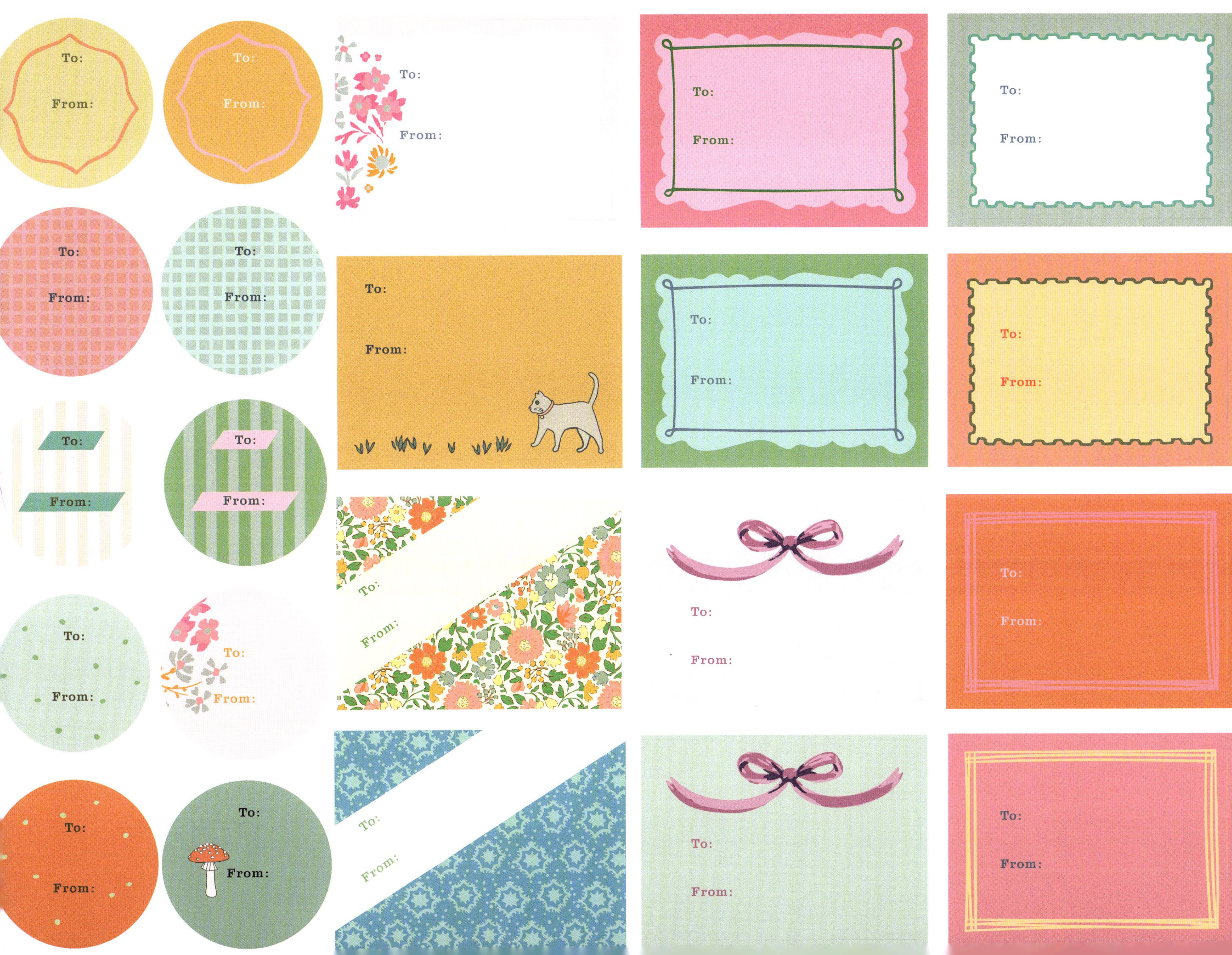

To:
From: